科教育人新范式

虹口区青少年科技教育探索实践之路

田健 编著

上海科技教育出版社

序　言

在当今全球化加速推进、科技竞争日益激烈的背景下，青少年科技教育的重要性越发凸显。科技不仅是推动社会进步的核心动力，更是国家综合国力的重要体现。青少年作为国家的未来和希望，他们的科技素养和创新能力直接关系到国家在全球科技竞争中的地位。因此，探索适合青少年的科技教育模式，培养他们的科学精神、创新思维和实践能力，已成为我国教育领域改革的重要课题。

虹口区地处上海市中心，拥有得天独厚的教育资源和深厚的文化底蕴。近年来，虹口区在青少年科技教育领域进行了大胆的探索和实践，提出并实施了"科教育人新范式"。这一范式以"为了每个学生的健康成长和发展"为核心理念，旨在通过整合校内外资源、创新课程体系、优化师资队伍等措施，为青少年提供个性化、多样化的科技教育服务，激发他们的创新潜能，培养他们的综合素质。

在探索实践过程中，虹口区的科技教师深刻认识到，科技教育不仅仅是知识的传授，更是能力的培养和素养的提升。因此，他们摒弃了传统的"一刀切"教育模式，关注学生的个体差异，根据学生的年龄特点、兴趣爱好和知识基础，设计了层次分明、内容丰富的课程体系。同时，通过开展丰富多彩的科技活动，如科普讲座、科技竞赛、实验室开放日等，为学生提供了广阔的实践平台，让他们在实践中体验科学的魅力，培养他们的探索精神和创新能力。

虹口区的科技教育探索实践取得了显著成效。学生在

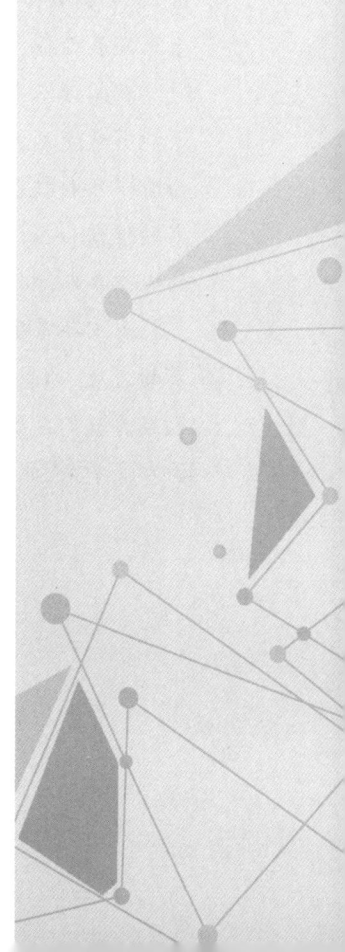

各类科技竞赛中屡获佳绩,展现出卓越的创新精神和实践能力;学校的科技教育特色逐渐形成,品牌影响力不断提升;社会各界对虹口区科技教育的认可度和支持度也日益增强。这些成果不仅为虹口区的教育发展注入了新的活力,也为全国其他地区的科技教育改革提供了宝贵的经验和启示。

本书作者田健同志是上海市虹口区青少年校外科技教育领域的一名"老兵"。她的敬业精神、创新意识和卓越的领导能力,使她带领的团队取得了令人瞩目的成绩。她精心打造的科技品牌项目,如区馆合作、卫星冠名、研学科创课程和课题成果孵化等,不仅为虹口区的青少年提供了丰富的科技教育资源,也为全国青少年科技教育的发展提供了宝贵的经验。2023—2024年,她策划实施的2项青少年科技实践活动获市创新大赛一等奖,提炼的"种子培养"法被评为区教育局"十佳工作方法",主持及主要参与课题17项,科研成果获奖二十余项,两年来虹口学子共获得1580项国际、全国及市级科技竞赛奖项。这些数字背后,是以田健同志为代表的无数科技教师的日夜辛勤付出,是他们对青少年科技教育事业的执着追求。

本书详细记录了虹口区青少年科技教育的探索实践之路,从理念的提出到实践的落地,从课程的开发到活动的组织,从师资的培养到评价体系的构建,全方位展示了虹口区在科技教育领域的创新举措和实践经验。通过深入剖析虹口区的科技教育案例,本书旨在为教育工作者、政策制定者、家长以及所有关心青少年成长的人们提供一份翔实的参考,共同探讨如何在新时代背景下,培养出具有创新精神和实践能力的青少年,为国家的未来发展储备人才资源。

在阅读本书的过程中,我们不仅能够了解到虹口区科技教育的具体规划和成功经验,还能够感受到教育工作者们在探索实践过程中的热情、智慧和勇气。他们的努力和付出,为青少年科技教育的发展开辟了新的道路,也为教育改革注入了新的活力。相信通过本书的传播和推广,虹口区的科技教育经验能够得到更广泛的借鉴和应用,为培养更多优秀的青少年人才作出贡献。

青少年是国家的未来,科技是发展的动力。让我们携手共进,共同关注青少年科技教育的发展,为培养具有创新精神和实践能力的新一代青少年而努力。虹口区的探索实践已经为我们提供了良好的开端,相信在未来的道路上,会有更多的教育新人加入这一伟大的事业中来,共同开创青少年科技教育的美好未来。

中国科学院院士

薛永祺

2025年5月

目 录

第一章　绪论 / 1
第一节　时代召唤与区域抉择 / 1
第二节　探索之旅的起点与初程 / 4
第三节　解密探索之路的钥匙 / 10

第二章　理念铸魂,奠定新范式基石 / 15
第一节　核心价值引领 / 15
第二节　目标蓝图绘制 / 18
第三节　理念目标融合实践 / 22

第三章　资源整合,搭建新范式平台 / 26
第一节　汇聚多元力量 / 26
第二节　打造实践载体 / 31
第三节　平台驱动创新 / 34

第四章　课程活动,构筑新范式主体 / 41
第一节　科普活动焕新 / 41
第二节　竞赛激发潜能 / 49
第三节　课程体系创新 / 53

第五章 师资培育,强化新范式动力 / 64
第一节 师资队伍现状洞察 / 64
第二节 多元培训体系构建 / 69
第三节 师资引领教育革新 / 75

第六章 成果彰显,检验新范式成效 / 80
第一节 学生成就斐然 / 80
第二节 学校品牌跃升 / 83
第三节 社会广泛认可 / 88

第七章 规划前行,拓展新范式路径 / 92
第一节 未来方向展望 / 92
第二节 策略精准施策 / 97
第三节 愿景描绘蓝图 / 102

第八章 总结升华,传播新范式经验 / 111
第一节 经验系统总结 / 111
第二节 经验推广辐射 / 119
第三节 展望教育未来 / 126

第一章 绪 论

第一节 时代召唤与区域抉择

一、全球科技竞争背景下青少年科技教育的紧迫性

在当今全球化深度推进的时代,世界格局发生着深刻的变革,而科技竞争无疑已经成为国家间综合国力较量最为关键的战场。这一竞争涵盖了众多领域,并且呈现出愈演愈烈的态势。

从信息技术领域来深入剖析,人工智能、大数据、云计算等前沿技术如同汹涌澎湃的浪潮,正以前所未有的力量重塑着社会的运行模式与经济结构。以智能医疗领域为例,这里是信息技术与医疗行业深度融合的前沿阵地。人工智能算法具备强大的数据处理能力,它能够在极短的时间内快速分析海量的医疗影像数据。在传统医疗模式下,医生需要凭借自身经验,耗费大量时间来解读影像,而且容易出现误判。但借助人工智能算法,就像给医生配备了一位超级助手。它能够精准地识别影像中的各种细微特征,为医生提供准确的诊断参考,极大地提高了医疗效率与准确性。这不仅能挽救更多患者的生命,还能使医疗资源得到更合理的分配。

在这样的大背景下,世界各国都清楚地认识到掌握信息技术主导权的重要性,纷纷不遗余力地加大对该领域的投入,积极抢占技术高地。美国在这方面表现得尤为积极,通过一系列精心策划的教育政策与项目,大力推动 K12 阶段的学生参与编程、机器人等科技课程学习。编程课程能够让学生从小学会用代码来构建逻辑,就像学习一门新的语言,让他们能够与计算机进行有效的"对话"。机器人课程则更具实践性,学生可以亲自动手组装、调试机器人,了解机械结构、电子电路以及编程控制等多方面的知识。通过这样的教育体系,美国试图培养出一批能够引领未来信息技术发展的专业人才,这些人才将在未来的人

工智能研发、大数据管理以及云计算服务等领域发挥核心作用。

欧盟也不甘示弱,推出了相关的教育战略。欧盟强调跨学科的科技教育,这种跨学科性体现在将信息技术与其他学科如物理学、数学、社会学等有机结合起来。例如,在研究智能交通系统时,不仅需要信息技术的支持,还需要物理学中关于力学、电学等知识来构建车辆的运行模型,数学中的算法来优化交通流量的计算,社会学中的理论来分析人们的出行习惯。通过这种跨学科的教育方式,旨在提升欧洲青少年在新兴科技领域的综合竞争力,使他们能够适应复杂多变的科技发展环境。

生物科技领域同样是全球科技竞争的重要舞台。基因编辑、合成生物学等技术的突破,宛如在黑暗中点亮了一盏盏明灯,为解决人类健康、粮食安全等重大问题带来了前所未有的新希望。基因编辑技术像一把神奇的"剪刀",可以精准地对生物体的基因进行修饰,从而有可能治愈一些传统医学难以攻克的遗传性疾病。在农业方面,通过合成生物学技术,可以构建具有特殊功能的微生物,用于提高农作物的抗病虫害能力或者改善土壤肥力。然而,这些技术如同精密的仪器,需要大量经过专业训练的人才来操作和进一步研发。

许多国家敏锐地察觉到这一需求,将生物科技教育纳入青少年教育体系。学校开始开设相关课程,从基础的生物科学知识讲解,到复杂的基因技术原理剖析。同时,还配套了实践项目,比如组织学生到生物实验室进行简单的基因检测实验,或者带领他们参与农作物基因改良的模拟项目。这些课程和项目旨在激发学生对生物科技的兴趣与探索热情,让他们在青少年时期就能够接触到生物科技的魅力,为日后投身该领域奠定基础。

在全球绿色能源转型的浪潮汹涌澎湃之际,新能源技术的研发与应用已经成为各国关注的焦点。随着传统化石能源的日益枯竭以及其带来的环境问题日益严重,太阳能、风能、水能、核能等新能源成为未来能源的希望之星。例如,太阳能光伏发电技术在过去几十年里取得了飞速发展,成本不断降低,效率不断提高。而风力发电也从传统的小型风机发展到如今的大型海上风力发电场,成为重要的电力来源。

培养具备能源科技知识与创新能力的青少年,对于国家实现能源独立、应对气候变化具有深远意义。青少年是国家的未来和希望,他们将是未来能源科技研发和应用的主力军。如果青少年能够在早期接受系统的能源科技教育,他们就能够更好地理解能源的转换、储存和利用原理,从而在未来为新能源技术的创新发展贡献自己的智慧和力量。

面对如此激烈的全球科技竞争态势,青少年科技教育已然成为各国培育创新人才、提升国家科技竞争力的重要途径。科技教育就像是一把神奇的钥匙,能够开启青少年的好奇心与探索欲之门。青少年的好奇心如同星星之火,一旦被点燃,就能够形成对知识的强烈渴望。在科技教育的引导下,他们将不再满足于表面现象,而是想要深入探究事物背后的原理。

同时,科技教育还能够培养青少年的创新思维。在科技课程和实践项目中,没有固定的答案,鼓励学生从不同的角度去思考问题,尝试新的方法。例如在机器人编程竞赛中,学生需要根据不同的任务要求,设计独特的机器人运行方案。这种训练能有助于他们摆脱传统思维的束缚,培养出创造性解决问题的能力。

而且,科技教育强调实践能力的培养。学生不再只是单纯地学习理论知识,而是通过动手操作,将知识转化为实际成果。无论是制作一个简单的太阳能小风扇,还是设计一个复杂的智能控制系统,都需要他们亲自动手。这种实践过程能够让他们更好地理解知识的应用场景,提高解决实际问题的能力。

青少年作为国家的未来和希望,其科技素养的高低直接关系到国家在全球科技竞争中的地位。一个国家如果拥有大量具备高科学素养的青少年,那么在未来的科技竞争中就如同拥有了一支强大的生力军。他们将能够在信息技术、生物科技、能源科技等各个关键领域发挥重要作用,推动国家的科技进步和综合国力的提升。因此,在全球科技竞争日益激烈的当下,加强青少年科技教育刻不容缓。

二、虹口区基于自身发展定位,对科技教育的战略考量

虹口区地处上海市中心区域,其独特的地理位置赋予了它不可多得的区位优势。这里交通便捷、商业繁荣、文化底蕴深厚,同时,虹口区还拥有着丰富的教育资源。近年来,虹口区怀揣着宏伟的发展愿景,致力于打造"上海北外滩、浦江金三角",目标是成为上海乃至全国的科技创新与教育高地。在这样的发展定位之下,科技教育已然成为推动区域发展的一项关键战略举措,其背后有着多方面的深入考量。

从教育资源的角度来看,虹口区将上海市的优秀教育资源转化为区域开展科技教育工作的有力支撑。复旦大学、同济大学、上海财经大学、上海外国语大学等院校在科研创新领域的成果极为丰硕,拥有众多的实验室、科研团队以及一系列前沿的研究项目,虹口区积极地与高校、科研院所展开合作,建立起了产学研合作机制。这种合作机制犹如一座桥梁,将高校的科研资源巧妙地引入青少年科技教育之中。通过开展科普讲座这一形式,高校的专家学者们能够以通俗易懂的方式将深奥的科学知识传递给青少年。同时,科研实践项目也备受重视。青少年可以参与高校的一些简单的科研项目之中,他们在这个过程中亲身体验科研的严谨性,感受探索未知的乐趣,从而激发对科技的浓厚兴趣与热爱。

虹口区还将上海市众多别具特色的科普场馆打造为区域开展科技活动的合作基地。像上海自然博物馆、上海邮政博物馆等,这些场馆是科技知识的宝库,它们不仅拥有丰富的科普展览资源,而且具备专业的科普教育团队。虹口区充分利用这些科普场馆的资源,大力开展馆校合作项目。组织学生走进科普场馆,开展探究型及研究型课程。

虹口区的经济发展对科技教育也提出了迫切的需求。随着区域产业结构的转型升级,传统产业逐渐向高端制造业、现代服务业、科技创新产业等方向转变。在这个过程中,对科技创新型人才的需求与日俱增。科技教育就像一个人才摇篮,能够为区域经济发展

提供源源不断的人才支持。经过科技教育培养的青少年,具备创新的思维方式和解决实际问题的能力,能够更好地适应企业的需求,推动企业在技术研发、产品创新等方面取得进步,进而推动区域经济的高质量发展。

虹口区在青少年科技教育方面有着精心的战略规划。"彩虹计划·科学素养工程"便是这一规划的重要体现。通过整合校内外资源,构建了全方位的科技教育体系。在科普育苗方面,虹口区每年都会开展150余场科普活动,这些活动涵盖了众多特色品牌活动。在科赛培优方面,虹口区积极组织学生参加各级各类科技竞赛。这些科技竞赛为学生提供了一个展示自己实践能力和创新能力的舞台,通过参加竞赛,学生们的实践能力和创新能力得到了显著提升。同时,虹口区还承办了长三角人工智能奥林匹克挑战赛等大型赛事,这进一步提升了虹口区在青少年科技教育领域的影响力。来自各地的优秀青少年和教育者会聚于此,交流科技教育的经验和成果,也让虹口区的青少年有机会与更广泛的群体进行切磋和学习。

虹口区基于自身发展定位,坚定地将科技教育作为推动区域发展的重要战略举措。通过整合教育资源、加强与高校和科研院所的合作、利用科普场馆资源等多种方式,积极而全面地开展青少年科技教育。这一举措为区域内的经济发展和科技创新提供了有力的人才支撑。

第二节 探索之旅的起点与初程

一、虹口区科技教育的萌芽

在教育发展的漫长历程中,虹口区的科技教育犹如一颗等待萌发的种子,它的诞生是时代发展趋势与区域教育环境相互交融的结果。

20世纪末,全球范围内科学技术的迅猛发展逐渐改变着社会的方方面面。从工业生产的自动化变革到日常生活中电子产品的普及,科技的影响力日益凸显。在这样的大环境下,中国社会也开始高度重视科学技术的发展,认识到科技对于国家竞争力提升和社会进步的关键意义。虹口区作为上海的一个重要区域,敏锐地察觉到这一时代脉搏,意识到科技教育对于青少年成长和区域发展有着不可忽视的作用,于是开始在教育领域精心播撒科技教育的种子。

最初,虹口区的科技教育呈现出一种较为原始和自发的状态,主要以学校为单位开展一些零星且相对简单的科技兴趣活动。各个学校的情况不尽相同,部分学校凭借自身有限的资源,组织起规模较小的科技兴趣小组。这些兴趣小组的形式较为初级,例如简易的手工制作小组,学生们利用纸张、木材、塑料等日常材料,制作一些简单的手工艺品,如纸飞机、木质小摆件或者塑料小容器等。在这个过程中,学生初步接触到材料的特性和简单的结构原理。还有初级的自然科学观察小组,学生们在教师的带领下,对校园内的花草树木、昆虫鸟类等进行观察记录,了解它们的生长习性、生活规律等基础自然科学知识。

这些兴趣小组规模通常很小,往往只有十几名甚至几名学生参与。活动形式也较为单一,大多是在课余时间进行一些简单的实践操作或者观察活动。而且,这些活动的开展通常由具有相关爱好的教师凭借个人热情和有限的知识储备来组织。这些教师并非专业的科技教育人才,他们可能是数学教师、语文教师或者其他学科的教师,仅仅是因为自己对科技领域有一定的兴趣,便自发地承担起科技教育的任务。

在当时的条件下,开展科技教育活动面临着诸多困难。教学材料稀缺是一个突出的问题,由于缺乏专门针对青少年科技教育的教材和教具,教师们只能充分发挥自己的创造力,因陋就简地利用日常生活中的常见物品开展教学活动。比如,在讲解物理中的力学原理时,教师可能会用家里的筷子、橡皮筋和小纸盒来制作简易的弹射装置,以此来演示力的作用效果。师资力量的薄弱也是一个关键制约因素。专业的科技教师极度匮乏,大部分承担科技教育任务的教师都是"半路出家"。他们在完成自身学科教学任务的同时,利用业余时间摸索着开展科技教育活动。这就导致他们在科技教育方面的专业知识和教学方法存在很大的局限性。例如,在指导学生进行简单的电路连接实验时,可能由于自身电学知识的不足,无法深入讲解电路原理,也难以解答学生提出的一些较为复杂的问题。

尽管困难重重,但这些早期的尝试仍犹如点点星光,为虹口区科技教育的发展积累了宝贵的经验。学生们在这些简单的活动中表现出的对科技的好奇和探索欲望,让教育者们看到了科技教育的潜力。这些初步的实践也为后续科技教育的发展奠定了一定的基础,就像为一棵幼苗打下了扎实的根基。

二、初步发展的探索实践

随着时代的车轮不断前进,教育理念也在不断更新迭代。当今世界越来越强调综合素质教育,注重培养学生的创新能力、实践能力和综合素养。在中国,教育改革的浪潮也逐渐兴起,对学生全面发展的重视程度不断提高。虹口区顺应这一趋势,深刻认识到科技教育对于提升青少年综合素质、培养未来创新人才的重要性,于是开始有计划、有组织地推动科技教育的发展,从而步入了初步发展的探索阶段。

在这一时期,虹口区积极整合区域内的教育资源,加大对科技教育的投入。一方面,充分利用自身的区域优势,与高校、科研院所建立起联系。高校和科研院所犹如一座座知识的宝库,拥有丰富的科研资源和顶尖的专家学者。虹口区通过积极的沟通与合作,邀请专家学者走进校园,他们带来的不仅仅是前沿的科学知识,更是一种全新的科学思维方式。同时,专家还开展科研指导活动,引导学生参与一些简单的科研项目。

另一方面,开始注重科技教育师资队伍的建设,积极组织教师参加各类培训和教研活动,这些培训活动形式多样,内容丰富,有针对特定学科知识的提升培训,如信息技术培训,让教师学习最新的计算机软件和编程知识;也有针对教学方法的培训,例如探究式教学法培训,指导教师如何引导学生主动探索科学知识,而不是单纯地灌输。教研活动为教师提供了一个交流和合作的平台,大家在一起分享自己在科技教育中的经验和遇到的困惑,共同探讨教学中的难题。通过培训和教研活动,教师们的科技教育教学能力得到了显著提升。

学校层面也积极响应区域科技教育发展战略。首先,各校开始开设更多正式的科技课程。一些学校引入了基础的信息技术课程,这一课程的开设适应了当时信息技术逐渐普及的社会趋势。在信息技术课程中,教师教授学生计算机基础知识,如计算机的硬件组成、操作系统的基本操作等,同时还传授简单的编程技能,如使用Scratch软件进行可视化编程,让学生通过编写简单的小游戏或者动画程序,初步理解编程的逻辑思维。部分学校增设了科技创新课程,这一课程鼓励学生发挥自己的想象力和创造力,开展小发明、小创造活动。在科技创新课程中,教师引导学生观察生活中的问题,思考解决方案,然后利用所学知识进行发明创造。例如,学生发现雨天雨伞容易滴水弄湿地面,便在科技创新课程中尝试设计一种能够自动收纳雨水的雨伞装置。其次,学校还积极组织学生参加各类科技竞赛,以赛促学,激发学生的学习热情和创新能力。科技竞赛为学生提供了一个展示自己才华和能力的舞台。例如,在青少年机器人竞赛中,学生们需要组队设计、制作和编程机器人,完成特定的任务——在规定时间内完成迷宫探索或者物品搬运等。这不仅考验学生的编程能力和机械组装能力,更需要他们发挥创新思维,以独特的策略来应对竞赛中的各种挑战。在这个过程中,学生们会主动学习相关知识,不断尝试新的方法,从而提高自己的科技水平。第三,在科普活动方面,虹口区开始举办一些具有区域特色的科普活动,如"科技节""科普周"等,这些活动成为科技教育的重要载体,内容丰富多样。科技展览是其中的重要组成部分,从最新的智能家居设备到有趣的科学实验装置,让学生和家长们能够近距离地接触和感受科技的魅力。科普讲座邀请了各行各业的专家学者,他们带来了不同领域的科技知识。例如,医学专家讲解人体健康与现代医学技术的发展,航天工程师讲述航天器的研制和太空探索的历程等。科技竞赛则吸引了众多学生参与,激发了他们的竞争意识和创新精神。这些活动吸引了众多学生和家长的参与,在区域内营造了浓厚的科技氛围。另外,虹口区还与科普场馆合作,开展馆校合作项目,组织学生走进科普场馆,开展探究式学习活动。科普场馆如上海自然博物馆、上海邮政博物馆等,拥有丰富的科普展览资源和专业的科普教育团队。以上海自然博物馆为例,学生们走进博物馆后,在专业教育团队的引导下,他们可以针对特定的主题,如恐龙的演化,进行深入的探究。学生们通过观察恐龙化石的形态、结构,查阅相关的资料,与同学和教师进行讨论,深入了解恐龙的生活习性、演化历程及灭绝的原因等科学知识。这种在实践中学习的方式,让学生们更加直观地感受到科学的魅力,提高了他们的科学素养。

三、早期探索取得的成果

(一)学生科学兴趣与素养提升

通过早期的一系列探索实践,虹口区青少年对科技的兴趣得到了极大的激发。在学校、家庭和社会的共同影响下,越来越多的学生积极参与各类科技活动和课程。原本对科技可能只是有一点好奇的学生,在参加了丰富多彩的科技活动后,展现出对科学知识的强烈渴望和探索精神。许多学生在参与科技兴趣小组、科技竞赛和科普活动的过程中,不仅掌握了一定的科学知识和技能,还培养了创新思维和实践能力。在科技兴趣小组中,学生们从简单的手工制作和自然观察逐渐深入更复杂的项目。例如,在手工制作小组中,学生从制作简单的纸质模型发展到利用3D打印技术制作复杂的立体结构;在自然观察小组中,学生从观察校园内的动植物发展到参与野外生态考察项目;在科技竞赛中,学生们更是得到了全方位的锻炼。以青少年科技创新大赛为例,参赛学生需要提出具有创新性的想法,然后通过查阅资料、进行实验验证、制作展示作品等,将自己的想法转化为实际的成果。在这个过程中,他们学会了如何发现问题、解决问题,如何将不同学科的知识融合运用,以及如何有效地展示自己的成果。一些学生在科技创新竞赛中脱颖而出,他们的作品展现出独特的创意和较高的科技含量。比如,有一个学生设计了一种基于太阳能的智能灌溉系统,能够根据土壤湿度和植物需求自动进行灌溉,这一作品不仅体现了学生对新能源和自动化控制技术的掌握,也为学生个人带来了荣誉,同时也为学校和区域增添了光彩。这些成绩的取得,进一步证明了虹口区科技教育早期探索的有效性,也为后续的发展提供了动力。

(二)师资队伍初步形成

在积极推动科技教育发展的过程中,虹口区的师资队伍建设取得了一定的成果。通过参加各类培训和教研活动,教师们的科技教育教学能力得到了显著提升。原本对科技教育一知半解的教师,经过系统的培训后,逐渐掌握了更多的专业知识和教学方法。一些教师逐渐成长为科技教育领域的骨干力量,他们在学校的科技教育中发挥重要的引领作用。这些骨干教师不仅能够熟练地教授科技课程,还能够指导学生开展科技创新活动。例如,在科技创新课程中,骨干教师能够根据学生的不同特点和兴趣,为他们提供个性化的指导。对于对电子技术感兴趣的学生,教师可以引导他们制作简单的电子电路作品,如自制小型收音机;对于对生物科学感兴趣的学生,教师可以指导他们开展生物实验,如植物组织培养实验。部分学校还成立了科技教育教研组,通过团队合作的方式,共同开展课程研发、教学研讨和学生指导工作。教研组内的教师们定期开展教研活动,分享教学资源和经验;在课程研发方面,他们根据学校的实际情况和学生的需求,开发出具有本校特色的科技课程。在教学研讨中,他们共同探讨教学中遇到的问题,如如何提高学生在科技课程中的参与度、如何评价学生的科技创新成果等;在学生指导工作方面,教研组的教师们分工合作,为参加不同科技竞赛和活动的学生提供全方位的指导。这些都为科技教育的持续发展提供了有力的师资保障。

(三) 科技教育氛围逐渐浓厚

随着科技教育活动的广泛开展,虹口区逐渐形成了浓厚的科技教育氛围。这种氛围体现在学校、家庭和社会各个层面。在学校方面,科技教育已成为学校教育的重要组成部分。学校领导更加重视科技教育工作,将其纳入学校的整体发展规划中。学校积极投入资源,改善科技教育设施,如建设专门的科技实验室、购置先进的实验设备等。同时,学校还鼓励教师开展各种形式的科技教育活动,对在科技教育方面表现突出的教师给予表彰和奖励。在教学过程中,科技课程的地位得到提升,与其他学科课程相互融合、相互促进。例如,在物理课程中融入科技创新的元素,让学生通过制作简单的物理实验装置来加深对物理原理的理解;在语文课程中,引导学生阅读科普文学作品,提高学生对科学知识的理解和表达能力。在家庭方面,随着科技教育的重要性日益凸显,越来越多的家长意识到科技教育对孩子未来发展的重要性,积极鼓励孩子参与科技活动。他们会为孩子购买一些科技类的书籍、玩具,或者支持孩子参加科技培训课程。例如,有的家长为孩子购买了乐高机器人套件,让孩子在家中就可以进行机器人编程和搭建的探索;有的家长为孩子报名参加了周末的编程培训班,希望孩子能够掌握一门现代科技技能。在社会层面,虹口区的科技教育也得到了社会各界的认可和支持。当地的企业开始关注学校的科技教育活动,有些企业会提供赞助或者与学校开展合作项目。例如,一家科技企业与学校合作建立了科技实践基地,为学生提供实习和实践的机会;一些社会组织也积极参与到科技教育中来,如科普志愿者组织会定期到学校开展科普宣传活动,为学生带来不同领域的科技知识。这种学校、家庭和社会全方位的关注和支持,使得科技教育在区域内逐渐得到了广泛的认可和支持,为其进一步发展奠定了坚实的社会基础。

四、早期探索面临的挑战

(一) 资源有限性的制约

尽管虹口区在科技教育方面投入了一定的资源,但相对于日益增长的教育需求,资源仍然十分有限。教育经费的不足限制了科技教育设施的更新和完善。在学校层面,许多学校缺乏先进的实验设备和教学工具,无法为学生提供良好的实践环境。例如,一些学校的物理实验室还在使用几十年前的仪器设备,这些设备精度低、功能单一,无法满足现代科技教育对实验精度和多样性的要求。在信息技术教学方面,计算机设备陈旧,软件更新不及时,导致学生无法接触到最新的信息技术工具和软件。科技教育师资队伍的数量和质量也难以满足需求,专业的科技教师仍然相对匮乏,教师的培训体系也不够完善;在师资数量上,随着学生对科技教育需求的增加,现有的教师数量难以承担大规模的科技教育教学任务。例如,在一些学校,一位科技教师可能要负责数百名学生的科技课程教学和科技创新活动指导,这使得教师的工作负担过重,难以保证教学质量;在师资质量方面,虽然通过一些培训和教研活动,教师的能力有所提升,但与专业的科技教育机构相比,仍然存在差距。培训体系存在培训内容不够深入、培训周期较短等问题,无法使教师系统地提升自己的专业知识和教学能力,这在一定程度上影响了科技教育的教学质量和效果。

(二)教育理念的转变存在困难

在科技教育的早期探索过程中,传统教育理念的束缚仍然较为严重。在不少学校的教育场景里,传统的教育理念就像一道难以逾越的高墙,将科技教育的创新活力困于其中。

当时,一些学校和教师在教学过程中过于注重知识的单向传授。课堂往往变成了教师一个人的舞台,教师在讲台上滔滔不绝地讲解着各种科学知识,学生则被动地坐在座位上接受。这种教学模式下,学生如同知识的容器,只需把教师所讲的内容机械记忆即可,而创新能力和实践能力的培养被严重忽视。

同时,应试教育的阴影也笼罩着这些学校。过于强调应试成绩已成为一种普遍现象,考试分数被视为衡量学生优劣的唯一标准。在这种情况下,科技教育的重要性被严重低估。学校的课程安排倾向于那些与升学考试直接相关的科目,科技教育课程则被压缩到极少的课时,甚至沦为可有可无的点缀。

这种传统教育理念的存在,使得科技教育在实施过程中面临重重困难,仿佛在荆棘丛中前行,难以真正实现以学生为中心、培养学生综合素质的教育目标。以学生为中心意味着要关注学生的个体差异、兴趣爱好,引导他们积极参与、主动探索,在实践中培养创新思维和实际动手能力。然而,传统理念下的教育模式却与这一目标背道而驰,这成了科技教育发展道路上亟待解决的一大障碍。

(三)缺乏系统性规划

虹口区早期的科技教育在整体的布局与发展上存在着明显的短板,其中缺乏系统性的规划和顶层设计是一个颇为突出的问题。

在当时的教育场景中,各项科技教育活动和课程的开展就像一盘散沙。学校内部不同的科技教育活动之间,没有一条连贯的主线将它们有机地串联起来。例如,机器人制作课程与生物科技探究课程,本可以通过一些跨学科的理念进行衔接,像机器人在生物环境监测中的应用等,但实际上它们各自按照自己的节奏和方式进行,完全没有协同合作的意识。

而且,课程之间缺乏有效的整合。每一门课程都像一个孤立的小岛,很少有学科之间相互渗透、融合的尝试。这就导致学生所学到的知识是碎片化的,无法形成一个完整的知识体系,难以在实际的科技应用场景中将不同学科的知识融会贯通。

更为关键的是,缺乏明确的教育目标如同在黑暗中航行没有灯塔指引。教师们在开展科技教育时,并不清楚最终要把学生培养成具备何种科技素养和能力的个体。同时,没有完善的评价体系就无法衡量科技教育是否达到了预期的效果。由于缺乏科学、客观的评估方式,很难判断学生是否真正在创新能力、实践能力等方面得到了提升。这种状况不可避免地在一定程度上影响了科技教育的持续发展和质量提升。

第三节 解密探索之路的钥匙

一、深度剖析研究如何助力构建科学教育新范式

在当今时代,构建科学教育新范式对于提升青少年科学素养、培养创新人才具有关键意义。虹口区在青少年科技教育领域的探索,旨在突破传统教育模式的局限,打造一套符合时代需求、具有区域特色的科学教育体系。

(一)理念革新:引领科学教育新方向

理念是行动的先导,科学教育新范式的构建首先需要理念的革新。虹口区在青少年科技教育过程中,秉持"为了每个学生的健康成长和发展"的核心理念,摒弃了传统教育中单纯以知识传授为目的的观念,更加注重学生的全面发展和个性化需求。

在"彩虹计划·科学素养工程"的实施过程中,虹口区将培养学生的创新精神、实践能力和科学素养作为核心目标。通过开展丰富多样的科普活动和科技竞赛,激发学生对科学的兴趣和好奇心,让学生在实践中体验科学的魅力,培养他们的探索精神和解决问题的能力。虹口区还注重学生的情感态度和价值观的培养,通过"回望百年,传承奋斗"等活动,提升学生的社会责任感和国家认同感,使学生在学习科学知识的同时,树立正确的价值观念。

笔者通过对虹口区科技教育理念的深入剖析,总结出以学生为中心、注重综合素质培养的教育理念对于构建科学教育新范式的重要性。这种理念强调教育要关注学生的个体差异,尊重学生的兴趣和特长,为每个学生提供适合的教育,从而激发学生的内在潜能,促进学生的全面发展。

(二)资源整合:拓展科学教育新空间

资源是教育发展的基础,构建科学教育新范式需要整合各类优质资源,为学生提供丰富多样的学习机会和实践平台。虹口区在青少年科技教育中,积极整合校内外资源,形成了多元协同的教育格局。

在校内资源方面,虹口区加强了学校科技教育的基础设施建设,打造了科技实践中心。科技实践中心拥有多个科技项目活动室,为学生提供了开展科技实践活动的场地。

中心还配备了专业的科技教师,他们不仅具备扎实的专业知识,还具有丰富的教学经验,能够为学生提供专业的指导。虹口区还鼓励学校开发科技类校本课程,这些校本课程结合了学校的特色和学生的需求,丰富了学生的学习内容。

在校外资源方面,虹口区与高校、科研院所、科普场馆等建立了紧密的合作关系。通过与高校和科研院所的合作,虹口区邀请专家学者为学生举办科普讲座、开展科研实践项目,让学生能够接触到前沿的科学知识和研究方法。与科普场馆的合作则为学生提供了更多的实践机会,如组织学生走进上海自然博物馆、上海科技馆等场馆,开展探究型及研究型场馆课程,让学生在实践中学习科学知识,提升科学素养。

笔者通过对虹口区资源整合的模式和经验进行深入分析,发现通过整合校内外资源,能够打破学校教育的边界,为学生提供更加丰富多样的学习资源和实践机会,从而拓展科学教育的空间,构建起一个开放、多元的科学教育新范式。这种新范式能够充分发挥各方资源的优势,实现资源共享、优势互补,为学生的科学学习提供更加有力的支持。

(三)课程创新:丰富科学教育新内涵

课程是教育的核心载体,构建科学教育新范式需要创新课程体系,丰富课程内涵,以满足学生多样化的学习需求。虹口区在青少年科技教育中,积极推进课程创新,构建了一套具有特色的课程体系。

虹口区注重科普课程的开发和实施。通过开展"清洁空气,远离雾霾"等科普活动,开发了一系列兼具知识性、趣味性和新颖性的科普微课。这些微课涵盖了科学知识、生活常识、环保知识等多个领域,以生动有趣的形式向学生传授科学知识,激发学生对科学的兴趣。虹口区还开发了专业类课程,如"机器人,开启智能未来""无人机"等,这些课程结合科技前沿发展,培养了学生的专业技能和创新能力。

虹口区还积极推进跨学科课程的建设,通过整合不同学科的知识和方法,设计了一系列跨学科项目式学习课程。这些课程让学生在解决实际问题的过程中,综合运用多学科知识,培养学生的跨学科思维和解决问题的能力。

笔者通过对虹口区课程创新的实践进行深入研究,总结出课程创新对于构建科学教育新范式的重要作用。通过开发多样化的课程,能够满足不同学生的兴趣和需求,激发学生的学习热情,培养学生的综合素养。跨学科课程的建设则能够打破学科界限,培养学生的创新思维和实践能力,为学生未来的发展奠定坚实基础。

(四)师资培养:夯实科学教育新基础

教师是教育的关键因素,构建科学教育新范式需要一支高素质、专业化的教师队伍。虹口区在青少年科技教育中,高度重视师资培养,通过多种途径提升教师的专业素养和教学能力。

首先,加强科技教师的培训工作。通过组织教师参加技能通识培训、项目专题培训和专业提升培训,提升教师的专业知识和技能。邀请高校专家、科研人员为教师举办讲座,介绍科技前沿知识和研究方法,拓宽教师的视野。虹口区还鼓励教师开展教学研究和实践创新,通过课题研究、"教学比武"等活动,提升教师的教学水平和科研能力。

其次,注重科技辅导员队伍的建设。虹口区为每所学校配备了专职科技辅导员,并通过定期召开科技辅导员例会、开展培训和研讨活动等方式,提升科技辅导员的专业素养和指导能力。科技辅导员在组织学生开展科技活动、指导学生参加科技竞赛等方面发挥了重要作用。

笔者对虹口区师资培养的策略和方法进行了深入探讨,发现通过加强师资培养,能够打造一支高素质、专业化的教师队伍,为科学教育新范式的构建提供坚实的人才支撑。优秀的教师能够更好地实施创新课程,引导学生开展科学探究活动,培养学生的科学素养和创新能力。

二、详细阐述文献研究、案例剖析、实证调研等方法在本研究中的运用

为了深入了解虹口区青少年科技教育的发展情况,探索构建科学教育新范式的路径,本研究综合运用了文献研究、案例剖析、实证调研等多种研究方法。这些方法相互补充、相互印证,为研究提供了全面、深入的数据和信息支持。

(一)文献研究:梳理理论基础与研究现状

文献研究是本研究的重要基础。通过广泛查阅国内外相关文献,包括学术期刊文章、学位论文、政策文件、研究报告等,梳理了青少年科技教育的理论基础和研究现状。

在理论基础方面,查阅了教育学、心理学、科学教育等领域的相关理论。如建构主义学习理论、多元智能理论等,这些理论为理解青少年的学习特点和科学教育的本质提供了理论指导。建构主义学习理论强调学生的主动建构和情境学习,这与虹口区在科技教育中注重学生的实践体验和项目式学习的理念相契合。多元智能理论认为每个学生都具有不同的智能优势,这为虹口区开展个性化的科技教育提供了理论依据。

在研究现状方面,调研了国内外青少年科技教育的发展趋势、政策措施、实践模式等。通过对国内外研究现状的分析,发现当前青少年科技教育在课程创新、资源整合、师资培养等方面取得了一定的成果,但也存在一些问题,如教育发展不均衡、课程与实践结合不紧密等。这些研究成果为虹口区青少年科技教育的研究提供了借鉴和启示,有助于明确研究的重点和方向。

在文献研究过程中,采用了文献检索、文献筛选、文献综述等方法。利用学术数据库、图书馆资源等渠道,广泛收集相关文献,通过对文献的筛选和整理,提取出与研究主题相关的核心观点和研究成果,并进行系统地综述和分析。文献研究为后续的研究提供了坚实的理论基础和研究背景,帮助研究者更好地理解研究问题,明确研究的切入点和创新点。

(二)案例剖析:挖掘成功经验与实践模式

案例剖析是本研究的重要方法之一。通过选取虹口区青少年科技教育中的典型案例,深入剖析其成功经验和实践模式,为构建青少年科学教育新范式提供实践依据。

本研究选取了"彩虹计划·科学素养工程"作为重点案例进行剖析。通过对该工程的实施背景、目标、内容、实施过程和成果的详细分析,总结出其在资源整合、课程建设、师资培养等方面的成功经验。"彩虹计划·科学素养工程"通过整合校内外资源,开展了丰富多彩的科普活动和科技竞赛,为学生提供了广阔的发展空间。在课程建设方面,开发了一系列特色课程,包括科普微课和专业类课程,满足了不同学生的学习需求。在师资培养方面,通过多种培训方式,提升了教师的专业素养和教学能力。还选取了虹口区部分学校的科技教育实践案例,如复兴高级中学的卫星遥感课程、曲阳第二中学的 DI 工坊等。通过对这些案例的分析,了解了学校在科技教育课程开发、教学方法创新、学生活动组织等方面的实践经验。这些案例展示了不同学校根据自身特点和优势,开展特色科技教育的实践模式,为其他学校提供了有益的借鉴。

在案例剖析过程中,采用了实地调研、访谈、案例分析等方法。深入学校和相关教育机构,与教师、学生、管理人员进行访谈,了解案例的实施过程和实际效果,收集相关的教学资料、活动记录、学生作品等,对案例进行深入的分析和总结。此过程为研究提供了生动、具体的实践案例,使研究成果更具说服力和可操作性。

(三)实证调研:获取数据支持与现实反馈

实证调研是本研究获取数据支持和现实反馈的重要手段。通过问卷调查、实地观察、访谈等方式,对虹口区青少年科技教育的现状进行了全面、深入的调查。

首先,本次调研设计了针对学生、教师和家长的问卷调查,旨在了解他们对科技教育的需求、态度、参与情况和满意度等。通过对问卷调查数据的统计和分析,掌握了学生对科技教育的兴趣爱好、学习需求,教师的教学情况和专业发展需求,以及家长对科技教育的支持程度等信息。这些数据为了解虹口区青少年科技教育的现状提供了客观依据,有助于发现存在的问题和不足。

其次,进行了实地观察,深入学校的科技课堂、科技活动现场,观察教师的教学过程和学生的学习表现。通过实地观察,了解了科技教育在课堂教学和实践活动中的实施情况,发现了教学过程中存在的问题和亮点。还与教师、学生进行了访谈,深入了解他们在科技教育中的体验和感受,听取了他们对科技教育的意见和建议。

最后,在实证调研过程中,注重样本的代表性和数据的真实性。通过合理设计问卷、科学选择调查对象、严格实施调查过程等方式,确保获取的数据能够真实反映虹口区青少年科技教育的现状。实证调研为研究提供了丰富的数据支持和现实反馈,使研究能够基于实际情况提出针对性的建议和措施。

本研究通过深度剖析研究如何助力构建科学教育新范式,从理念革新、资源整合、课程创新、师资培养等方面为虹口区青少年科技教育的发展提供了理论指导。通过详细阐述文献研究、案例剖析、实证调研等方法的运用,为本研究提供了全面、深入的数据和信息支持,确保了研究的科学性和可靠性。这些研究方法的综合运用,有助于深入了解虹口区青少年科技教育的发展情况,为构建科学教育新范式提供有力的支撑。

三、科教育人新范式的界定

综上所述,科教育人新范式的概念逐渐清晰明了。

科教育人新范式旨在突破传统教育模式的局限,打造一套符合时代需求、具有虹口区域特色的科教育人体系。秉持"为了虹口每个学生健康成长和发展"的核心理念,我们强调积极关注学生的个体差异,尊重学生的兴趣特长,为每个学生提供一切适合的教育,以激发学生的内在潜能,促进学生的全面发展。

具体来说,科教育人新范式的重要特征与内涵体现在以下几个维度上。

(一)资源全域整合:从封闭小课堂到社会大课堂。

为学生提供更加丰富多彩的学习资源和实践机会,拓展教育空间使其学习有更大的支持。

(二)活动模式重构:从知识传授到能力孵化。

以实践性、项目化、跨学科为途径,推动科教育人从单向输出转向能力培养。

(三)技术深度赋能:从标准化教育到个性化导航。

虚拟与现实融合,人工智能重塑赋能,更好面向学生因材施教。

(四)评价与治理升级:从结果到过程动态优化。

强调政府、学校、社会机构、家庭协同治理,评价从重结果到重过程,逐渐形成教育合力。

(五)核心价值导向:与国家创新人才对接。

其目标不仅是提升学生的科学素养,更指向创新人才培养与国家科技战略需求对接,实现从知识积累向创新能力跃进。

第二章
理念铸魂，奠定新范式基石

第一节 核心价值引领

一、虹口区的"以生为本、科技赋能"等核心教育理念

虹口区在青少年科技教育的征程中，始终秉持着"以生为本、科技赋能"的核心教育理念，这一理念深深扎根于区域教育发展的土壤，成为引领科技教育前行的灯塔。"以生为本"，意味着将学生的需求、兴趣和发展置于教育的核心位置，尊重每个学生的独特性，致力于为他们提供个性化、多样化的教育服务，助力其全面成长。"科技赋能"则突出了科技在教育中的关键作用，借助前沿科技手段与丰富的科技资源，拓展教育的边界与内涵，激发学生的创新潜能，为学生的未来发展注入强大动力。

"以生为本"理念体现了对学生主体地位的尊重。教育的本质在于促进人的发展，虹口区深刻认识到这一点，坚信每个学生都拥有无限的潜力，都有自己独特的学习方式和发展路径。在科技教育中，摒弃了"一刀切"的教育模式，关注学生的个体差异，无论是在课程设计、活动组织还是教学方法的选择上，都充分考虑学生的年龄特点、兴趣爱好和知识基础。对于小学生，更侧重于通过趣味性的科普活动，如"科学魔法秀"，以神奇有趣的科学实验，激发他们对科学的好奇心和探索欲，培养初步的科学兴趣；而对于中学生，则提供更具深度和挑战性的科技项目，如科技创新大赛的参赛指导，鼓励他们运用所学知识，开展独立的科学研究和创新实践，提升综合能力。

"以生为本"还体现在对学生全面发展的关注上。虹口区的科技教育不仅仅聚焦于科学知识和技能的传授，更注重培养学生的创新思维、实践能力、团队协作精神以及社会责任感等综合素质。通过组织学生参与各类科技活动，如"小小科普讲解员"活动，学生不仅能深入学习科学知识，还能在讲解过程中锻炼自己的表达能力、沟通能力和自信心，

同时增强对社会的责任感,学会用科学知识服务社会。

"科技赋能"理念彰显了虹口区对科技在教育中发挥巨大作用的深刻洞察。在当今科技飞速发展的时代,科技已成为推动教育变革的重要力量。虹口区积极将先进的科技手段融入教育教学过程,为学生创造更加丰富、多元的学习体验。借助虚拟现实(VR)、增强现实(AR)等技术,为学生打造沉浸式的学习环境,让他们能够身临其境地感受科学的魅力。在讲解宇宙科学知识时,利用VR技术,让学生仿佛置身于浩瀚宇宙之中,直观地观察星球的运行轨迹、星系的结构等,这种身临其境的体验极大地提高了学生的学习兴趣和学习效果。

科技赋能还体现在利用科技资源丰富教育内容和形式上。虹口区充分整合校内外的科技资源,与高校、科研院所、科普场馆等建立紧密合作关系。通过引入高校的科研项目、科普场馆的展览资源等,为学生提供接触前沿科技的机会,拓宽他们的科技视野。邀请高校科研人员走进校园,为学生开展专题讲座,介绍最新的科研成果和研究方法;组织学生走进科普场馆,参与探究型及研究型场馆课程,让学生在实践中学习科学知识,提升实践能力。

二、理念在教育实践中成为行动指南

(一) 课程设计:贴合学生需求与兴趣

在课程设计方面,虹口区严格遵循"以生为本、科技赋能"的理念,致力于打造一套既符合学生认知发展规律,又充满科技魅力的课程体系。

针对不同年龄段学生的特点和兴趣,开发了层次分明、内容丰富的课程。对于低年龄段学生,开设了如"趣味科学实验""创意手工与科技"等课程,这些课程以生动有趣的实验和手工制作活动为载体,让学生在轻松愉快的氛围中初步接触科学知识,培养学生对科技的兴趣。在"趣味科学实验"课程中,教师会设计一系列简单易操作的实验,如"会跳舞的盐""彩虹牛奶"等,让学生通过亲身体验,感受科学的神奇,激发他们的好奇心和探索欲望。

对于高年龄段学生,则推出了"机器人编程""人工智能基础""科技创新实践"等具有一定专业性和挑战性的课程。在"机器人编程"课程中,学生不仅要学习机器人的搭建,还要掌握编程知识,通过编程让机器人完成各种任务,如循迹、避障、足球比赛等。这种课程设计既满足了学生对前沿科技的探索欲望,又培养了他们的逻辑思维能力和实践动手能力。

虹口区还注重课程的跨学科融合,将科技教育与其他学科有机结合,培养学生的综合素养。开发了"科技与艺术""科技与人文"等跨学科课程。在"科技与艺术"课程中,学生运用3D打印、激光切割等技术,将自己的艺术创意转化为实际作品,既提升了科技技能,又培养了艺术审美能力;在"科技与人文"课程中,引导学生探讨科技发展对社会、文化的影响,培养学生的批判性思维和社会责任感。

(二)活动组织:激发学生创新与实践

虹口区围绕核心教育理念,精心组织各类科技活动,为学生提供广阔的实践平台,激发他们的创新思维和实践能力。

"科学魔法秀"是虹口区极具特色的科普活动之一。活动中,专业的科普人员通过精彩的科学实验表演,将抽象的科学知识生动形象地展示给学生。这些实验涵盖物理、化学、生物等多个领域,如"空气炮""火焰掌""自制彩虹"等,不仅让学生惊叹于科学的神奇,更激发了他们深入探究科学原理的兴趣。活动还设置了互动环节,让学生亲自参与实验操作,在实践中感受科学的乐趣,提高动手能力。

"小小科普讲解员"活动则为学生提供了展示自我的舞台。学生通过选拔成为科普讲解员,在专业老师的指导下,深入学习科普知识,并将其转化为通俗易懂的讲解内容。他们走进科普场馆、社区等场所,为公众讲解科学知识,传播科学文化。在这个过程中,学生不仅提升了自己的科学素养,还锻炼了表达能力、沟通能力和自信心,同时增强了社会责任感。

虹口区积极组织学生参加各级各类科技竞赛,如青少年科技创新大赛、DI创新思维竞赛、环球自然日等。这些竞赛为学生提供了与其他地区优秀学生交流和竞争的平台,激发了学生的创新潜能和竞争意识。在备赛过程中,学生在教师的指导下,深入开展科学研究,设计创新方案,制作参赛作品,这不仅提升了学生的科技实践能力,还培养了他们的团队协作精神和解决问题的能力。

(三)师资培养:提升教育理念与素养

为了将"以生为本、科技赋能"的理念贯彻到教育教学的每一个环节,虹口区高度重视师资队伍的培养,努力打造一支专业素养高、教育理念先进的科技教师队伍。

通过组织教师参加各类培训,提升他们的专业知识和技能。邀请高校专家、科研人员举办科技前沿知识讲座,让教师了解最新的科技发展动态;开展编程、机器人、人工智能等专项培训,提高教师的科技教学能力。组织教师参加"人工智能教育应用"培训,让教师掌握如何在教学中运用人工智能技术,开发智能化教学资源,提升教学效果。

虹口区鼓励教师开展教育研究和创新实践,通过课题研究、教学反思等方式,不断探索适合学生的科技教育方法。设立了专项教育科研基金,支持教师开展科技教育相关的课题研究。一些教师开展了"基于项目式学习的科技教育实践研究",通过项目式学习的方式,让学生在完成项目的过程中,综合运用多学科知识,培养创新能力和实践能力,取得了良好的教学效果。

虹口区还注重教师的团队建设,通过成立科技教育教研组、开展教学研讨活动等方式,促进教师之间的交流与合作。教师们在教研活动中分享教学经验、交流教学心得,共同探讨解决教学中遇到的问题,形成了良好的教学研究氛围。

(四)评价体系:关注学生成长与进步

虹口区建立了一套以"以生为本、科技赋能"为导向的评价体系,全面、客观、公正地评价学生的学习成果和发展进步。

评价体系不再仅仅关注学生的知识掌握程度,更加注重学生的学习过程、创新能力、实践能力以及综合素质的发展。在评价学生的科技项目时,不仅考查项目的成果,还关注学生在项目实施过程中的表现,如问题解决能力、团队协作能力、创新思维等。对于学生在科技创新大赛中的作品,评价标准不仅包括作品的科学性、创新性和实用性,还包括学生在研究过程中的思考、探索和努力。

虹口区采用多元化的评价方式,综合运用教师评价、学生自评、学生互评等方式,全面了解学生的学习情况。教师评价注重对学生的学习过程和学习成果进行全面、客观的评价,及时给予学生反馈和指导;学生自评让学生对自己的学习过程和成果进行反思,发现自己的优点和不足,促进自我成长;学生互评则让学生在评价他人的过程中,学习他人的优点,提高自己的评价能力和团队协作能力。

评价体系还注重评价结果的反馈与应用。及时将评价结果反馈给学生和家长,让学生了解自己的学习情况,明确努力的方向;为家长提供教育建议,帮助家长更好地支持学生的学习。评价结果还作为学校调整教学策略、优化课程设置的重要依据,推动科技教育不断改进和完善。

虹口区的"以生为本、科技赋能"核心教育理念在教育实践中得到了全方位的贯彻和落实,通过课程设计、活动组织、师资培养和评价体系等方面的具体行动,为学生提供了优质的科技教育服务,助力学生全面发展,为区域的科技教育发展注入了强大的动力。

第二节　目标蓝图绘制

一、多维度目标设定的依据

(一)知识目标设定依据

1. 时代发展需求

在当今科技高速发展的时代,知识更新换代的速度极快。从人工智能到量子计算,从生物技术到新能源开发,新的科技知识不断涌现。虹口区在设定青少年科技教育知识目标时,紧密贴合时代脉搏。为了让学生适应未来社会,需要他们掌握基础科学知识,如物理、化学、生物等学科的基本概念、原理和规律。在此基础上,了解前沿科技知识,如人工智能的基本算法、大数据的应用场景等,以便在未来能够更好地融入科技社会,为科技创新奠定知识基础。例如,在"彩虹计划·科学素养工程"中,开设了"机器人,开启智能未来"等课程,让学生学习机器人的基本构造、编程原理以及在不同领域的应用,从而能够紧跟时代科技发展潮流。

2. 学科知识体系

科学知识具有严密的逻辑体系,各个学科之间相互关联、相互渗透。虹口区在设计科技教育知识目标时,充分考虑了学科知识的系统性和连贯性。以物理学科为例,从基础的力学、热学、电磁学知识入手,逐步引导学生学习原子物理学等进阶知识,让学生构建完整的物理知识框架。同时,注重跨学科知识的融合,如在环境科学相关课程中,融合了化学、生物学等多学科知识,培养学生综合运用多学科知识解决实际问题的能力。

3. 学生认知水平

不同年龄段的学生具有不同的认知特点和水平。小学阶段的学生以形象思维为主,对直观、生动的事物充满兴趣。因此,在这一阶段的科技教育知识目标设定上,侧重于通过趣味实验、科普故事等形式,向学生传授简单易懂的科学知识,激发他们对科学的兴趣。例如,开展"科学魔法秀"活动,通过神奇有趣的实验,如"会跳舞的盐""彩虹牛奶"等,让学生在轻松愉快的氛围中了解物理和化学现象。中学阶段的学生开始向抽象思维过渡,能够理解较为复杂的科学概念和原理。此时的知识目标设定则更加注重知识的深度和广度,引导学生深入学习科学知识,并尝试运用所学知识进行科学探究。

(二)能力目标设定依据

1. 创新能力培养需求

创新是推动社会发展的核心动力,培养学生的创新能力是科技教育的重要目标之一。虹口区认识到,在全球科技竞争日益激烈的背景下,只有具备创新能力的人才,才能在未来的社会中脱颖而出。通过组织学生参加科技创新大赛、开展科技项目研究等方式,鼓励学生提出新颖的想法,尝试新的方法和技术,培养他们的创新思维和创新实践能力。在DI创新思维竞赛的备赛过程中,学生需要从创意构思、方案设计到实际制作,全程发挥创新能力,解决各种问题。

2. 实践操作能力提升

科技教育强调实践与理论相结合。学生只有通过实际操作,才能真正理解和掌握科学知识,提高解决实际问题的能力。虹口区的科技教育注重为学生提供丰富的实践机会,如在科技实践中心,学生可以亲自动手操作机器人、无人机等设备,进行编程、组装和调试。通过这些实践活动,学生不仅能够提高动手能力,还能培养团队协作能力、沟通能力和问题解决能力。在"无人机训练营"中,学生从学习无人机的基本原理、组装无人机,到进行飞行操作和任务执行,逐步提升实践操作能力。

3. 信息素养培养

在信息时代,信息素养已成为学生必备的能力之一。虹口区在科技教育能力目标设定中,注重培养学生的信息获取、分析和运用能力。通过开设信息技术课程、引导学生开展网络探究学习等方式,让学生学会利用互联网等信息资源获取科学知识,能够对信息进行筛选、分析和评价,并将其应用于实际的学习和研究中。在进行科学研究项目时,学生需要通过查阅文献、收集数据等方式获取信息,并运用数据分析工具对信息进行处理和分析,从而得出科学结论。

(三) 情感目标设定依据

1. 激发科学兴趣

兴趣是最好的老师,激发学生对科学的兴趣是科技教育的重要基础。虹口区通过开展丰富多彩的科普活动,如科普讲座、科普展览、科技节等,为学生营造浓厚的科学氛围,让学生在活动中感受科学的魅力,激发他们对科学的好奇心和探索欲望。邀请科学家走进校园举办科普讲座,分享他们的科研经历和成果,让学生近距离接触科学,激发学生对科学研究的向往。

2. 培养科学精神

科学精神包括实事求是、勇于探索、敢于质疑、严谨认真等品质。虹口区在科技教育中,注重通过科学探究活动培养学生的科学精神。在实验教学中,要求学生严格按照实验步骤进行操作,如实记录实验数据,培养学生严谨认真的科学态度。当学生在实验中遇到问题时,鼓励他们勇于探索、敢于质疑,通过查阅资料、反复实验等方式寻找解决问题的方法,培养学生勇于探索的精神。

3. 增强社会责任感

科技的发展不仅改变了人们的生活,也对社会产生了深远的影响。虹口区的科技教育注重培养学生的社会责任感,让学生认识到科技的力量以及自己在社会发展中的责任。通过开展环保科技项目、社会热点问题的科技探究等活动,引导学生关注社会问题,运用所学的科技知识为解决社会问题贡献自己的力量。在"垃圾分类宣传教育系列活动"中,学生通过研究垃圾分类的方法和意义,制作宣传资料,向社区居民宣传垃圾分类知识,增强了对环境保护的责任感。

二、各阶段目标在新范式构建中的作用

(一) 小学阶段目标的奠基作用

1. 知识启蒙

小学阶段是学生接触科学知识的初始阶段,知识目标主要是让学生对科学世界有初步的认识,了解一些简单的科学现象和科学知识。通过开设趣味科学课程,如"生活中的科学""自然探秘"等,让学生了解身边的科学现象,如四季更替、风雨雷电的形成等。这些知识的学习为学生后续深入学习科学知识奠定了基础,激发了学生对科学的兴趣,为新范式的构建提供了兴趣和动力。

2. 能力初步培养

在小学阶段,注重培养学生的观察能力、动手能力和初步的思维能力。通过组织学生参与简单的实验活动、手工制作等,让学生学会观察实验现象、记录实验数据,培养学生的观察和动手能力。在"植物生长观察"活动中,学生通过观察植物的生长过程,记录植物的生长变化,学会了如何进行科学观察和记录。这些能力的初步培养,为学生在后续的科技学习中进行更复杂的科学探究活动奠定了基础,是新范式构建中实践能力培养的起点。

3. 情感激发

小学阶段的情感目标是激发学生对科学的好奇心和热爱。通过开展科普活动,如"科普绘本阅读"等,让学生在轻松愉快的氛围中感受科学的神奇和有趣,培养学生对科学的积极情感。这种积极的情感体验能够让学生在后续的学习中保持对科学的热情,为新范式的构建营造良好的情感氛围。

(二)中学阶段目标的深化作用

1. 知识深化拓展

中学阶段的知识目标在小学基础上进一步深化和拓展。学生开始系统学习物理、化学、生物等学科知识,了解科学知识的内在逻辑和体系。同时,接触一些前沿科技知识,拓宽科技视野。开设"人工智能基础""机器人编程进阶"等课程,让学生深入学习相关知识。这些知识的学习为学生进一步深入研究科学问题提供了理论支持,是新范式构建中知识体系完善的重要阶段。

2. 能力提升进阶

中学阶段着重培养学生的创新能力、实践能力和综合运用知识的能力。组织学生参加科技创新大赛、科技社团活动等,让学生在实践中运用所学知识解决实际问题,培养创新思维和实践能力。在科技创新大赛中,学生需要从提出问题、设计方案到实施研究,全程发挥自己的能力。这一阶段能力的提升,为学生在未来的学习和工作中进行更复杂的科技实践和创新活动奠定了坚实的基础,推动在新范式构建中能力培养向更高层次发展。

3. 情感巩固升华

在中学阶段,情感目标则侧重于培养学生的科学精神和社会责任感。通过科学探究活动,培养学生严谨认真、勇于探索的科学精神。开展与社会热点问题相关的科技项目,如"城市环境污染治理的科技探索",让学生关注社会问题,运用科技知识为解决社会问题贡献力量,增强社会责任感。这种情感的巩固和升华,使学生在新范式构建中不仅具备知识和能力,更有内在的精神动力和社会担当。

(三)高中阶段目标的导向作用

1. 知识体系完善

高中阶段的学生需要构建更加完整和深入的科学知识体系,为未来的高等教育和职业发展做好准备。学生在学习基础学科知识的同时,深入研究一些科技领域的前沿问题,如生物工程、新能源技术等。通过参与科研项目、选修大学先修课程等方式，拓宽知识领域，加深对科学知识的理解。这些知识的积累和完善，为学生提供了坚实的理论基础，对新范式构建中知识层面的提升起到了引领作用。

2. 创新与实践能力的强化

高中阶段注重培养学生的创新实践能力和独立研究能力。学生参与各类科技竞赛、科研项目，在导师的指导下，开展独立的科学研究。在"卫星遥感技术在城市规划中的应用"科研项目中，学生需要自主查阅文献、设计研究方案、进行数据采集和分析，最终得出研究结论。这种实践活动极大地强化了学生的创新和实践能力，为新范式构建中培养创新型人才提供了实践支撑。

3. 职业与人生规划引导

高中阶段的情感目标除了进一步培养科学精神和社会责任感外，还注重引导学生进行职业和人生规划。通过开展职业探索活动、邀请科技领域专家进行职业讲座等方式，让学生了解不同科技职业的发展前景和要求，结合自己的兴趣和特长，明确未来的职业方向。这种引导有助于学生在新范式构建中找到自己的定位，使科技教育与学生的未来发展紧密结合，为培养适应社会需求的创新人才提供了方向指引。

第三节 理念目标融合实践

一、理念目标在课程中的融合实践

(一)"梦工厂"课程：激发兴趣与知识启蒙

虹口区"梦工厂"课程是在2020年疫情期间，通过线上线下相结合的形式，将科普教育课程从线下转移到线上，并取得了很好的教学效果。课程的开发和实施分为三个阶段：发布"经典"微课、线上授课指导实践、项目化学习。这些课程内容不仅普及了科学知识，还激发了青少年对科学的兴趣，培养了他们的科学素养。

在课程设计上，教师精心挑选了众多具有趣味性和启发性的实验项目，如"变废为宝橘皮中果胶的提取""自制环保洗手液""果冻蜡烛"等。这些课程贴近生活，具有很强的趣味性和实用性，能够吸引青少年的注意力。通过这些课程，学生在轻松愉快的氛围中初步了解了有趣的化学实验知识和环保知识，实现了知识目标的初步达成。

在能力培养方面，课程注重学生的参与和体验。学生不仅是实验的观察者，更是参与者。他们在教师的指导下，亲自操作实验，观察实验现象，记录实验数据。这一过程锻炼了学生的动手能力和观察能力，培养了学生严谨认真的科学态度。在实验结束后，教师引导学生思考实验背后的科学原理,鼓励学生提出问题、分析问题,并尝试寻找答案。这有助于培养学生逻辑思维能力和解决问题的能力,实现了能力培养的目标。

在情感目标方面,"梦工厂"课程极大地激发了学生对科学的好奇心和探索欲望。许多学生在参与课程后,对科学产生了浓厚的兴趣,主动提出想要了解更多科学知识。这种积极的情感体验为学生后续深入学习科学奠定了良好的基础,让学生在轻松愉快的氛围中感受到科学的魅力,培养了他们对科学的热爱之情。

虹口区"梦工厂"课程通过线上线下相结合的方式,成功地激发了青少年对科学的兴趣,普及了科学知识。通过趣味性强的微课、互动性强的线上授课和具有挑战性的项目化学习,不仅让学生在实践中学习科学知识,还培养了他们的动手能力、自主学习能力和创新能力。这种形式的课程为校外教育提供了宝贵的经验,值得在将来继续推广和发展。

(二)"机器人编程"课程:能力提升与创新培养

"机器人编程"课程是虹口区科技教育中心致力于培养学生创新能力和实践能力的重要课程。该课程以培养学生掌握机器人编程知识和技能,提升学生的逻辑思维能力、创新能力和实践操作能力为目标,将"以生为本、科技赋能"的理念贯穿于教学始终。

在课程内容设置上,从基础的机器人搭建入手,让学生了解机器人的基本结构和工作原理。随后,逐步引导学生学习编程知识,通过编程控制机器人完成各种任务,如循迹、避障、搬运等。在这个过程中,学生不仅掌握了机器人编程的相关知识,还学会了将理论知识应用于实际操作,实现了知识与实践的紧密结合,达成了知识目标和能力目标。

在教学过程中,教师采用项目式学习的方法,将课程内容分解为多个具体的学习项目。每个项目都要求学生以小组形式合作完成,学生需要共同设计项目方案、分工协作进行编程和调试。例如,在"机器人足球比赛"项目中,学生需要设计机器人的行动策略,编写相应的程序,使机器人能够在比赛中准确地运球、射门。通过这样的项目式学习,学生的团队协作能力、沟通能力和问题解决能力得到了极大的锻炼。同时,学生在完成项目的过程中,不断尝试新的方法和思路,培养了创新思维和创新能力。

从情感目标来看,"机器人编程"课程让学生在成功完成项目的过程中获得了成就感,增强了自信心。当学生看到自己编写的程序使机器人顺利完成任务时,他们的脸上洋溢着喜悦和自豪。这种积极的情感体验进一步激发了学生对科技学习的热情,培养了学生勇于探索、敢于创新的精神。

通过对学生在课程中的表现和作品进行评估,发现学生在逻辑思维能力、实践操作能力和创新能力方面都有了显著的提升。然而,也发现部分学生在团队协作中存在沟通不畅、分工不合理等问题。针对这些问题,教师在后续的课程中增加了团队协作训练环节,引导学生学会更好地沟通和协作,进一步完善了课程的实施,使理念和目标在实践中得到更有效的融合。

二、理念目标在活动中的融合实践

(一) "绿色环保大篷车校园行"活动：综合素养提升与情感素养培育

在当今时代，环保已成为全球关注的焦点，而垃圾分类作为环保行动的关键一环，对于推动可持续发展具有深远意义。虹口区青少年活动中心秉持着培养青少年环保意识、提升综合素养的使命，精心策划并成功实施了"绿色环保大篷车虹口区校园行"垃圾分类系列科普活动，为区内青少年带来了一场别开生面的环保科普之旅，也为虹口区的科技教育工作增添了浓墨重彩的一笔。

此次科普活动旨在全方位提升学生的综合素养，使其成为具有环保意识和行动能力的新一代青少年。通过科普展板和互动游戏，学生们不仅掌握了上海市四种生活垃圾回收类型的基础知识，还深入了解了垃圾分类的科学原理、回收再利用的技术与重要性，为培养他们的科学思维和实践能力奠定了坚实基础。在活动过程中，学生们需要观察、思考、动手操作，这一系列过程锻炼了他们的观察力、分析问题和解决问题的能力。例如，在"垃圾模拟投放"环节，学生们需要根据垃圾的种类和特征，准确判断其所属类别并进行投放，这不仅考验了他们的知识储备，还提升了他们的实践操作能力。同时，学生们在参与活动时需要与同伴合作完成任务，如在"飞行棋游戏"中，小组成员相互配合，共同完成游戏挑战，这一过程培养了他们的团队协作精神和沟通能力，使其学会倾听他人意见、发挥自身优势，共同达成目标，为未来的学习和生活积累了宝贵经验。

活动注重对学生情感的培育，致力于激发他们对环保事业的热情与责任感。通过生动有趣的科普形式，让学生们深刻认识到垃圾分类并非一件枯燥乏味的事情，而是一项充满意义且能够为环境保护贡献力量的行动。当学生们发现自己正确的垃圾分类，能够为减少环境污染、节约资源作出贡献时，内心会油然而生一种成就感和自豪感，从而更加积极主动地参与垃圾分类实践。此外，活动还倡导"小手拉大手"模式，鼓励学生将所学的垃圾分类知识带回家中，向家人宣传环保理念，带动家庭成员一起参与垃圾分类行动。这种模式不仅扩大了活动的影响力，还让学生在与家人互动的过程中，增强了家庭责任感和社会责任感，培养了他们关爱环境、关爱社会的高尚品格，使其明白个人行为对社会的重要性，进而形成良好的道德品质和社会公德意识。

通过这次活动，虹口区青少年活动中心成功打造了"绿色环保大篷车虹口区校园行"这一科普活动品牌，为区内青少年提供了一个学习环保知识、培养环保意识的优质平台，也为其他地区的环保教育工作提供了宝贵的经验借鉴。"绿色环保大篷车虹口区校园行"活动虽已落幕，但它在学生们心中播下的环保种子将继续生根发芽、茁壮成长。

(二) 科技创新大赛：创新实践与目标检验

科技创新大赛是虹口区科技教育的重要活动之一，为学生提供了一个展示创新能力和实践成果的平台，也是对虹口区科技教育理念和目标融合实践的一次全面检验。

在大赛筹备过程中,学生围绕自己感兴趣的科技领域,自主选题、设计方案、开展研究。他们需要运用所学的科学知识,结合实际问题,提出创新性的解决方案。在"智能垃圾分类系统"项目中,学生们运用传感器技术、编程知识等,设计出能够自动识别垃圾并进行分类的装置。这一过程不仅要求学生掌握扎实的科学知识,还需要具备创新思维和实践能力,充分体现了知识目标和能力目标的融合。

在项目实施过程中,学生面临各种挑战和困难,如技术难题、实验失败等,但他们并没有放弃,而是通过查阅资料、请教专家、反复试验等方式,努力解决问题。这既培养了学生勇于探索、敢于面对挫折的精神,同时又提升了学生的团队协作能力和问题解决能力。学生们在团队中分工明确,相互协作,共同攻克难关,展现出了良好的团队精神。

从情感目标来看,科技创新大赛激发了学生对科学研究的热情和追求卓越的精神。当学生看到自己的项目逐渐成形并取得一定成果时,他们感受到了创新带来的乐趣和成就感,进一步激发了他们对科学的热爱和对未知领域的探索欲望。同时,大赛也让学生认识到科技创新的重要性,培养了学生的社会责任感,他们希望通过自己的创新成果为社会作出贡献。

通过对大赛成果的评估和学生的反馈可以看出,科技创新大赛有效促进了学生知识、能力和情感的全面发展。许多学生在大赛中取得了优异的成绩,他们的创新成果不仅具有一定的科学性和实用性,还展现出了独特的创新思维。然而,也发现部分学生在项目选题的创新性和可行性方面存在不足,对研究方法的运用还不够熟练。针对这些问题,虹口区在后续的科技教育中,加强了对学生选题的指导,开展了研究方法培训课程,进一步完善了科技教育的实践,以更好地实现理念与目标的融合。

第三章
资源整合,搭建新范式平台

第一节 汇聚多元力量

一、与高校、科研院所合作:深度融合,共育英才

在虹口区青少年科技教育的蓬勃发展进程中,与高校、科研院所建立紧密合作关系成为提升教育质量、拓宽学生视野的关键举措。高校与科研院所拥有丰富的学术资源、前沿的科研成果以及专业的科研人才,这些优势为虹口区青少年科技教育注入了强大动力。

(一)合作模式的多样化探索

1. 科研项目引领模式

虹口区积极与高校、科研院所开展科研项目合作,让学生参与实际的科研课题。例如,与复旦大学的合作项目中,针对环境科学领域的热点问题,共同设计了"城市河流生态修复的微生物技术研究"项目。高校的科研团队为学生制订详细的研究计划,从理论知识讲解到实验操作指导,全程给予专业支持。学生在科研人员的带领下,实地采集水样,进行微生物培养与分析,运用所学知识解决实际问题。这种模式不仅让学生接触到前沿的科研理念和方法,更培养了他们的科研思维和实践能力。

在与中国科学院上海技术物理研究所的合作中,开展了"红外遥感技术在城市规划中的应用"项目。学生参与数据采集、图像处理与分析等环节,了解红外遥感技术的原理和应用场景,通过实践操作掌握相关技术。在项目推进过程中,高校和科研院所的专家定期与学生进行交流,解答学生在研究中遇到的问题,引导学生深入思考,培养学生的独立研究能力。

2. 专家讲座与科普课程相结合模式

为了拓宽学生的科技视野,高校和科研院所的专家学者走进虹口区的校园,举办各类

科普讲座和专题课程。这些讲座涵盖了多个领域,从人工智能到生物技术,从航天科技到量子物理,内容丰富多样。例如,上海交通大学的教授为学生带来了"人工智能的发展与应用前景"的讲座,详细介绍了人工智能的基本原理、算法以及在医疗、交通、金融等领域的广泛应用。这种生动的案例和深入浅出的讲解,激发了学生对人工智能的浓厚兴趣。

科研院所的专家还为学生开设了一系列科普课程,如"走进量子世界""探秘基因奥秘"等。这些课程系统地介绍了相关领域的基础知识和前沿研究成果,让学生在课堂上就能接触到最新的科技动态。专家们不仅传授知识,还引导学生思考科学问题,培养学生的科学思维和创新意识。

3. 实验室开放与实践基地模式

虹口区与高校、科研院所合作,开放实验室和建立实践基地,为学生提供了实践操作的平台。同济大学向虹口区的学生开放了其先进的建筑材料实验室,学生可以在实验室中进行材料性能测试、建筑模型制作等实践活动。在专业实验人员的指导下,学生亲身体验科研实验的过程,掌握实验技能,提高动手能力。

中国科学院上海硅酸盐研究所与虹口区共建了科普实践基地,学生在这里可以参与陶瓷材料制备、材料性能检测等实践项目。实践基地不仅提供了先进的实验设备,还配备了专业的指导教师,确保学生能够在实践中得到充分的指导和锻炼。通过在实践基地的学习,学生对科学研究有了更直观的认识,为未来的学习和研究奠定了基础。

(二)合作成果的显著呈现

1. 学生科研能力与创新思维的提升

通过参与同高校、科研院所的合作项目,学生的科研能力和创新思维得到了显著提升。在"城市河流生态修复的微生物技术研究"项目中,学生学会了如何进行文献调研、实验设计、数据采集与分析,掌握了科研的基本流程和方法。他们在实践中发现问题、解决问题,提出了一些创新性的解决方案,如利用特定微生物组合优化河流生态系统。许多学生在项目结束后,对科学研究产生了浓厚的兴趣,积极参加各类科技创新竞赛,并取得了优异的成绩。

在各类科普讲座和课程的启发下,学生的创新思维得到了激发。他们对科技领域的热点问题有了更深入的了解,能够从不同的角度思考问题,提出独特的见解。一些学生受到讲座的启发,自主开展了小型的科研项目,如"家庭垃圾分类智能提醒装置的设计""基于太阳能的校园节能系统研究"等,展现出了较强的创新能力。

2. 师资队伍专业素养的提高

高校和科研院所的专家学者不仅为学生提供指导,还为虹口区的科技教师提供了专业培训和学习机会。通过参与合作项目和学术交流活动,教师们接触到了前沿的科研知识和教学方法,提升了自己的专业素养。在与高校合作开展科研项目的过程中,教师与专家共同指导学生,学习到了科学的研究方法和项目管理经验。教师们还参加了高校举办的教学研讨活动,了解最新的教育理念和教学技术,将其应用到日常教学中,提高了教学质量。

高校和科研院所的专家还为教师提供了科研指导,帮助教师开展课题研究。一些教师在专家的指导下,成功申报了市级和区级科研项目,如"基于项目式学习的青少年科技创新能力培养研究""利用高校资源提升区域科技教育质量的实践探索"等。这些科研项目的开展,不仅提升了教师的科研能力,还为科技教育的改革和创新提供了理论支持。

3. 科技教育课程体系的丰富与完善

与高校、科研院所的合作,为虹口区科技教育课程体系的丰富和完善提供了有力支持。合作过程中,高校和科研院所的专家参与课程设计和教材编写,将前沿的科研成果和专业知识融入课程中,使课程内容更加丰富、实用。例如,在"人工智能基础"课程中,专家根据行业发展趋势和学生的认知水平,设计了课程内容,包括人工智能的基本概念、算法、应用案例等。同时,编写了配套的教材和实验指导书,为学生提供了系统的学习资料。

合作还推动了跨学科课程的开发。虹口区与高校合作开发了"生物与环境科学""科技与艺术融合"等跨学科课程,这些课程整合了不同学科的知识和方法,培养了学生的综合素养和跨学科思维能力。在"生物与环境科学"课程中,学生学习生物学、环境科学等多学科知识,通过实地考察、实验研究等方式,探究生物与环境之间的相互关系,提高了解决复杂问题的能力。

二、引入企业、社区资源:创新协同,拓展教育边界

除了与高校、科研院所合作外,虹口区还积极引入企业和社区资源,探索创新的合作方式,实现了科技教育与社会资源的有效协同,为青少年科技教育开辟了新的路径。

(一)企业资源的创新引入与协同效应

1. 企业项目驱动模式

虹口区与众多科技企业建立合作关系,引入企业实际项目,让学生参与项目的研发和实施。企业为学生提供项目需求和技术支持,学生在教师和企业工程师的共同指导下,进行系统的需求分析、方案设计、编程实现等工作。通过参与项目,学生不仅掌握了人工智能技术在实际应用中的知识和技能,还了解了企业的项目开发流程和团队协作模式。

在与一家环保企业的合作中,学生参与了"城市垃圾分类智能管理系统"的研发项目。学生通过实地调研,了解垃圾分类的现状和问题,运用所学的信息技术和编程知识,设计出具有智能识别、分类统计等功能的管理系统。企业在项目中提供了实际的数据和应用场景,使学生的学习更加贴近实际需求,培养了学生解决实际问题的能力。

2. 企业导师指导模式

为了让学生更好地了解行业动态和职业发展方向,虹口区邀请企业的技术专家和工程师担任学生的导师。这些企业导师具有丰富的实践经验和专业知识,他们为学生提供

一对一的指导,帮助学生制订学习计划、解决学习中遇到的问题,并指导学生开展科技创新活动。导师从项目选题、市场分析、技术实现等方面给予学生专业的建议,帮助学生完善项目方案。在导师的指导下,学生的项目在比赛中获得了优异的成绩,同时也对互联网行业有了更深入的了解。

企业导师还为学生举办职业讲座,介绍企业的发展历程、业务范围、职业岗位等信息,让学生了解不同职业的要求和发展前景。通过与企业导师的交流,学生能够更好地规划自己的未来,明确学习目标。

3. 企业实习与就业推荐模式

虹口区与企业合作,为学生提供实习机会,让学生在真实的工作环境中锻炼自己的实践能力。学生在企业实习期间,参与企业的项目开发、产品测试等工作,将所学知识应用到实际工作中。一家软件公司为虹口区的学生提供了软件开发实习岗位,学生在实习过程中,学习到了企业级软件开发的流程和规范,掌握了最新的软件开发技术。实习结束后,企业对表现优秀的学生提供就业推荐,为学生的职业发展提供了帮助。

这种企业实习与就业推荐模式,不仅提高了学生的实践能力,还为学生的就业搭建了桥梁。通过实习,学生能够更好地了解企业的需求,提升自己的就业竞争力,同时也为企业输送了优秀的人才,实现了学校、学生和企业的三方共赢。

(二)社区资源的整合与协同效应

1. 社区科普活动模式

虹口区充分利用社区资源,开展各类科普活动,将科普教育延伸到社区。与社区合作举办"科技节进社区"活动,活动内容包括科普展览、科普讲座、科技互动体验等。在科普展览中,展示了人工智能、机器人、新能源等领域的最新成果,吸引了众多社区居民和学生的关注。科普讲座邀请了专家学者为社区居民和学生讲解科学知识,如"生活中的科学奥秘""人工智能与未来生活"等,提高了社区居民的科学素养。

社区还组织了科技互动体验活动,如"机器人挑战赛""科普实验秀"等,让学生和居民亲身体验科技的乐趣。在"机器人挑战赛"中,学生和居民组成团队,操控机器人完成各种任务,培养了团队协作能力和创新思维。这些社区科普活动丰富了社区居民的文化生活,营造了良好的科普氛围,也为学生提供了更多的实践机会。

2. 社区志愿者服务模式

虹口区鼓励学生参与社区志愿者服务,将科技知识传播到社区。学生组成科技志愿者团队,为社区居民提供科技服务,如电脑维修、智能设备使用指导等。在电脑维修服务中,学生运用所学的计算机知识,为社区居民解决电脑故障问题,提高了居民的信息技术应用能力,同时,学生在服务过程中也锻炼了自己的沟通能力和解决问题的能力,增强了社会责任感。

在智能设备使用指导活动中,志愿者们耐心地为老年人讲解智能手机、智能家电等设备的使用方法,帮助他们跨越数字鸿沟,融入智能生活。通过这些志愿服务活动,学生不仅将科技知识传递给了社区居民,还在实践中提升了自己的综合素质。社区也为学生提供了实践的平台,反馈居民的需求,让学生能够更加了解社会实际情况,使得科技教育更具针对性。

3. 社区共建实践基地模式

虹口区推动学校与社区共建科技实践基地,为学生提供长期稳定的实践场所。比如,在社区内建立了"生态环保实践基地",学校与社区共同规划基地的建设与活动开展。学生在基地内开展生态监测、垃圾分类宣传、环保项目实践等活动,通过对社区周边河流、土壤等生态环境的监测,学生掌握了生态监测的方法和技术,同时也增强了环保意识。

在垃圾分类宣传活动中,学生制作宣传海报、开展讲座,向社区居民普及垃圾分类知识,引导居民养成良好的垃圾分类习惯。社区为基地提供场地和部分资源支持,学校则发挥教育资源优势,组织学生开展活动。这种共建模式促进了学校与社区的深度合作,使科技教育能够更好地融入社区生活,培养学生关注社会、服务社会的意识和能力。

(三)协同效应的综合体现

1. 对学生的全面塑造

企业与社区资源的引入,从多个维度促进了学生的成长。在知识与技能层面,学生通过参与企业项目和实践活动,将课堂所学与实际应用紧密结合,深入掌握了专业知识和实践技能。在"智能安防系统的设计与实现"项目中,学生不仅巩固了编程、算法等知识,还学会了如何运用这些知识解决实际的安防问题。在个人素养方面,学生在与企业导师和社区居民的互动中,沟通能力、团队协作能力、问题解决能力以及社会责任感都得到了显著提升。参与社区志愿者服务的学生,在与不同年龄段人群交流过程中,学会了如何清晰表达自己的想法,理解他人需求,这对提高他们今后的人际交往和社会适应能力具有重要意义。

2. 对科技教育的丰富和拓展

企业和社区资源极大地丰富了虹口区科技教育的内容和形式。企业提供的实际项目让科技教育更具实用性和前瞻性,使课程能够紧密跟随行业发展趋势。社区科普活动和实践基地为科技教育提供了广阔的课外实践空间,打破了学校教育的局限。学校与企业、社区的合作,共同开发了一系列具有特色的课程和活动,如结合企业需求的"人工智能应用实践课程",基于社区环保需求的"社区生态科技探究活动"等,使科技教育更加多元化、生动化。

3. 对区域创新生态的推动

虹口区通过汇聚企业和社区资源,形成了良好的区域创新生态。学校、企业和社区之间的互动与合作,促进了知识、技术和人才的流动。企业的技术和创新理念流入学校和社区,激发了学生和居民的创新热情;学校培养的创新人才为企业提供了人才储备;

社区则为科技教育和创新实践提供了应用场景和反馈。这种良性循环有助于提升区域的整体创新能力和营造科技氛围,为虹口区的可持续发展注入新的活力。例如,在社区共建实践基地开展的环保项目中,学生的创新想法和实践成果可能为企业的环保产品研发提供灵感,而企业的技术支持又能进一步推动项目的优化和推广,形成多方共赢的局面。

虹口区在青少年科技教育中,通过与高校、科研院所,以及企业、社区的紧密合作,构建了多元化的教育资源网络。这种汇聚多元力量的模式,为学生提供了丰富的学习机会和实践平台,推动了科技教育的创新发展,为培养适应时代需求的创新人才奠定了坚实基础,同时也为区域的科技进步和社会发展注入了源源不断的动力。在未来的发展中,虹口区有望进一步深化各方合作,探索更多创新的合作模式,不断提升科技教育的质量和影响力,为青少年的成长和区域的发展创造更加有利的条件。

第二节　打造实践载体

一、科技实践中心:实体空间的匠心打造与多元功能呈现

(一)建设历程:从规划到落地的蜕变

虹口区科技实践中心的建设是区域科技教育发展进程中的关键举措,其从规划构想到建设落成,历经了精心的筹备与打造。早期,虹口区基于对青少年科技教育长远发展的考量,结合区域内教育资源分布与学生需求,启动了科技实践中心的规划工作。教育部门联合专业的建筑设计团队,依据现代科技教育理念与功能需求,制定了全面且细致的建设规划。在规划阶段,充分调研了国内外先进的科技教育场馆与实践中心,汲取其设计精华与功能布局优势,旨在打造一个既符合当下科技教育趋势,又能满足虹口区青少年多样化学习需求的实践场所。

建设过程中面临着诸多挑战,包括资金的筹措、场地的选址、施工的管理等。虹口区政府通过专项财政拨款、教育经费倾斜等方式,为项目提供了坚实的资金保障。在场地选址上,综合考虑交通便利性、周边教育资源配套等因素,最终确定了合适的建设地点。施工期间,相关部门严格把控工程质量,确保每一个环节都符合高标准。从基础建设到内部装修,从设备采购到功能区域划分,都经过了反复的论证与调试,力求打造一个安全、舒适且功能完备的科技实践空间。经过多年的努力,科技实践中心终于落成并投入使用,为虹口区青少年科技教育翻开了崭新的篇章。

(二)功能布局特色：全方位满足科技教育需求

1. 多元化功能教室——专业与趣味的融合

科技实践中心内部设置了各具特色的功能教室,涵盖了多个科技领域,满足了不同学生的兴趣和需求。电子教室配备了先进的电子设备和实验器材,学生可以在这里进行电路设计、电子制作等实践活动,学习电子技术的基础知识和应用技能。从简单的电路搭建到复杂的电子产品设计,学生在实践中逐步掌握了电子技术的奥秘。

机器人教室是学生探索智能科技的乐园。这里拥有多种类型的机器人,如编程机器人、竞赛机器人等。学生可以学习机器人的编程、组装和调试,通过编写程序让机器人完成各种任务,如行走、避障、抓取物品等。机器人课程不仅培养了学生的编程能力和逻辑思维能力,还激发了学生对人工智能的兴趣。

生态教室模拟了不同的生态环境,学生可以在这里开展生态实验和研究,观察植物的生长过程、研究生态系统的平衡等,亲身体验生态科学的魅力,增强对环境保护的意识。组培教室则为学生提供了学习植物组织培养技术的平台,学生可以亲自操作,培育出自己的植物幼苗,了解植物繁殖的奥秘。

2. 创新实践区域——激发创意与实践能力

除了功能教室,科技实践中心还设有创新实践区域,为学生提供了一个自由发挥创意的空间。这个区域配备了 3D 打印机、激光切割机、数控机床等先进的设备,学生可以将自己的创意转化为实际的作品。学生可以利用 3D 打印机打印出各种模型,如建筑模型、机械零件等;使用激光切割机制作精美的工艺品;通过数控机床加工金属零件。在创新实践区域,学生可以充分发挥自己的想象力和创造力,培养实践动手能力和解决问题的能力。

创新实践区域还经常举办各类创意比赛和项目活动,鼓励学生团队合作,共同完成创新项目。在"未来城市设计"项目中,学生们组成团队,运用所学的知识和技能,设计并制作出未来城市的模型。在项目实施过程中,学生们需要进行市场调研、方案设计、模型制作等工作,这不仅锻炼了他们的实践能力,还培养了团队协作精神和创新思维。

3. 展示与交流空间——成果分享与思维碰撞

科技实践中心设置了专门的展示与交流空间,用于展示学生的科技作品和创新成果。这个空间定期举办科技展览,展示学生在科技创新大赛、科技项目研究等活动中取得的成果。展览不仅吸引了校内师生的关注,还向家长和社会开放,展示了虹口区青少年的科技素养和创新能力。

展示与交流空间还经常举办科技讲座、学术交流活动等,邀请专家学者、科技工作者与学生进行面对面的交流。专家们分享自己的科研经历和成果,解答学生在科技学习中遇到的问题,激发学生的学习热情和创新灵感。在交流活动中,学生们可以与同行分享自己的创意和经验,进行思维的碰撞,拓宽自己的视野。

二、线上教育平台：虚拟空间的拓展与教育资源的优化

（一）平台开发：顺应时代需求的技术创新

随着信息技术的飞速发展，线上教育成为教育领域的重要发展方向。虹口区敏锐捕捉到这一趋势，投入大量资源进行线上教育平台的开发。开发团队由教育专家、信息技术专业人员和软件工程师组成，他们紧密合作，充分考虑科技教育的特点和学生的学习需求，致力于打造一个功能强大、操作便捷的线上教育平台。

在平台开发过程中，首要考虑的是如何整合丰富的教育资源。团队收集了大量的科技教育课程资源，包括科普视频、教学课件、在线实验模拟等。这些资源涵盖了科学知识的各个领域，从基础科学到前沿科技，为学生提供了多元化的学习素材。平台还注重与线下科技实践中心的联动，将线下实践活动的相关信息、成果展示等内容同步到线上平台，实现线上线下教育的有机结合。

技术层面上，平台采用了先进的云计算、大数据和人工智能技术。云计算技术确保了平台的稳定性和高效运行，能够支持大量用户同时在线学习。大数据技术则对学生的学习行为数据进行分析，为个性化教学提供依据。通过分析学生的学习记录、测试成绩等数据，平台可以了解学生的学习进度、知识掌握情况和学习偏好，从而为学生推荐适合的学习内容和课程。人工智能技术应用于智能辅导系统，为学生提供实时的答疑解惑服务，帮助学生解决学习中遇到的问题。

（二）运营情况：线上教育生态的构建与完善

1. 课程资源更新与优化

为保证线上教育平台的活力与吸引力，虹口区组建了专业的课程研发与更新团队。该团队密切关注科技发展动态与教育改革趋势，定期更新课程资源。一方面，不断引入新的科普视频与前沿科技资讯，让学生能接触到最新的科学知识。例如，当量子计算领域取得新突破时，团队迅速制作相关科普视频，深入浅出地讲解量子计算的原理、应用及对未来的影响，使学生紧跟科技潮流。另一方面，依据用户反馈和数据分析，对现有课程进行优化。如果学生普遍反映某一课程难度过高，团队会调整内容的深度与讲解方式，增加案例分析和互动环节，提升课程的易懂性与趣味性。此外，平台还与高校、科研机构及科技企业合作，邀请专家学者录制独家课程。这些课程涵盖了从基础理论到实际应用的多个层面，如高校教授讲解人工智能算法的底层逻辑，企业工程师分享智能产品的研发流程，极大地丰富了课程的专业性与实用性。

2. 强化教学互动功能

为提升线上学习的参与度和效果，平台大力强化教学互动功能。设置了实时直播课堂，教师可以在直播间进行课程讲解、演示实验和解答疑问，学生通过弹幕、连麦等方式与教师互动，仿佛置身于真实课堂。还开设了在线讨论区，按课程和主题划分板块，学生可

以在相应板块中发布问题、分享见解和学习心得。教师和其他同学会及时回复,形成良好的学习交流氛围。平台还引入了虚拟实验室功能,学生借助电脑或移动设备就能进行虚拟实验操作。以物理实验为例,学生可在线模拟电路搭建、力学实验等,通过虚拟操作加深对实验原理和步骤的理解,且实验过程中的数据记录和分析都能在线完成,方便快捷。这种虚拟实验与线下实践相结合的方式,弥补了线上教学在实践操作方面的不足。

3. 用户服务与反馈机制

平台高度重视用户服务与反馈,设立了专门的客服团队,通过多种渠道为用户提供支持。学生和家长在使用平台过程中遇到任何问题,如账号登录、课程学习、技术故障等,都可通过在线客服、电话或邮件等方式联系客服团队,客服人员会在第一时间给予解答和帮助。为了更好地了解用户需求,平台建立了完善的反馈机制。定期开展用户满意度调查,收集学生、家长和教师对平台功能、课程内容、教学服务等方面的意见和建议。通过数据分析和用户反馈,平台不断优化功能和服务。例如,根据用户反馈,平台优化了课程搜索功能,使其更加智能和便捷,学生能更快找到自己需要的课程。平台还会针对不同用户群体开展培训活动,帮助学生和家长熟悉平台的使用方法,提升他们的在线学习体验。针对教师,平台组织培训工作坊,介绍如何利用平台开展线上教学、如何进行课程管理和学生评价等,提高教师的线上教学能力。

4. 推广与合作拓展

为提高平台的知名度和使用率,虹口区采取了多种推广措施。在区内学校进行全面宣传,通过举办校园讲座、发放宣传资料等方式,向师生介绍平台的功能和优势,鼓励学生积极使用。与学校合作,将平台课程纳入学校的科技教育课程体系,作为课堂教学的补充和拓展。平台还积极与其他教育机构、科普场馆合作,开展联合推广活动。与科技馆合作举办线上科普展览,通过平台展示科技馆的展品和科普知识,吸引更多用户关注。通过与外部机构的合作,平台不仅扩大了影响力,还引入了更多优质资源,进一步丰富了平台的教育内容。平台积极与其他地区的线上教育平台开展交流与合作,分享经验、资源共享,共同探索线上科技教育的新模式和新方法,推动区域间的教育协同发展。

第三节 平台驱动创新

一、资源平台对课程开发的支持

(一) 资源整合,丰富课程素材

虹口区科技教育资源平台整合了高校、科研院所、科普场馆等多方资源,为课程开发

提供了丰富的素材资源。平台与复旦大学、同济大学等高校合作,引入了大量高校的前沿科研成果和专业课程资源。这些资源涵盖了从基础科学到前沿技术的多个领域,如量子计算、人工智能、生物工程等。对于量子计算领域,高校提供的科研资料不仅包含了量子计算的基本原理、算法,还涉及最新的研究动态和应用案例。课程开发者能够将这些专业且前沿的内容进行筛选和转化,融入适合青少年的科技教育课程中。

科研院所则为课程开发提供了丰富的实验数据和实践案例。以中国科学院上海硅酸盐研究所为例,其在材料科学领域的研究成果丰硕。平台引入了该研究所关于新型陶瓷材料研发的实践案例,课程开发者以此为基础,设计了"探索新型陶瓷材料的奥秘"课程。课程中,学生不仅能学习到陶瓷材料的基本理论知识,还能通过案例了解到科研人员如何进行陶瓷材料的研发、测试以及应用推广。这使得课程内容更加真实、生动,且具有较强的实用性。

科普场馆的资源也为课程开发增添了独特的魅力。上海科技馆、上海自然博物馆等场馆的展览资源和科普活动被引入平台。例如,上海科技馆的"机器人世界"展览,展示了各种先进的机器人及其应用场景。课程开发者以此为灵感,开发了"机器人探秘"课程,通过虚拟展示、互动体验等方式,让学生仿佛置身于科技馆中,深入了解机器人的发展历程、工作原理和应用领域。这种将科普场馆资源与课程开发相结合的方式,极大地丰富了课程的趣味性和吸引力。

(二)专家助力,提升课程专业性

资源平台会聚了众多高校专家、科研人员和一线优秀教师,他们组成了强大的课程开发专家团队,为课程的专业性提供了有力保障。专家们凭借其深厚的专业知识和丰富的教学经验,参与课程的设计、编写和审核过程。

在课程设计阶段,专家们从专业角度出发,为课程设定合理的目标和内容框架。在开发"人工智能基础"课程时,高校人工智能领域的专家与一线教师共同探讨,确定了课程要让学生了解人工智能的基本概念、算法,掌握简单的编程应用,同时培养学生对人工智能的兴趣和创新思维的目标。在内容框架上,专家们建议从生活中的人工智能应用入手,逐步深入算法原理和编程实践,使课程内容符合青少年的认知规律。

在课程编写过程中,专家们提供专业的知识支持,确保课程内容的准确性和前沿性。他们将自己的科研成果和实践经验融入课程中,使课程更具深度和广度。科研人员分享了自己在人工智能项目中的实践案例,为课程编写提供了真实的项目场景,让学生能够更好地理解和应用所学知识。

专家团队还对课程进行严格的审核把关。他们从专业知识、教学方法、课程设计等多个方面对课程进行评估,并提出修改意见和建议。通过专家的审核,课程的质量得到了极大的提升,确保了课程能够准确地传授知识,培养学生的科学素养和创新能力。

(三)技术赋能,创新课程形式

资源平台借助先进的技术手段,为课程形式的创新提供了可能。利用虚拟现实(VR)、增强现实(AR)和人工智能(AI)等技术,开发出沉浸式、互动式的课程,让学生能够身临其境地感受到科学的魅力。

在"宇宙探索"课程中,平台运用 VR 技术,为学生打造了一个逼真的宇宙场景。学生戴上 VR 设备,仿佛置身于浩瀚宇宙之中,能够近距离观察星球的运行、星系的结构等。这种沉浸式的学习体验,极大地激发了学生的学习兴趣和好奇心,让学生更加主动地去探索宇宙的奥秘。

AR 技术在课程中的应用也为学生带来了全新的学习体验。在"生物多样性"课程中,学生通过手机或平板电脑扫描教材上的图片,就能看到立体的生物模型,并能获取相关的生物信息,如生物的生活习性、分布范围等。这种互动式的学习方式,增强了学生与课程内容的互动性,提高了学习效果。

AI 技术则为课程提供了个性化的学习支持。平台利用 AI 算法,根据学生的学习情况和兴趣爱好,为学生推荐适合的课程和学习资源。AI 智能辅导系统还能实时解答学生的问题,为学生提供针对性的学习指导。这种个性化的学习服务,满足了不同学生的学习需求,帮助学生更好地掌握知识。

除了 VR、AR 和 AI 技术,平台还利用动画、视频、模拟实验等多媒体形式丰富课程呈现方式。在物理课程中,对于一些抽象的物理概念,如电场、磁场等,通过生动形象的动画演示,将复杂的物理过程直观地展示给学生,帮助学生理解。在化学课程中,借助模拟实验软件,学生可以在虚拟环境中进行各种化学实验,既避免了实验风险,又能让学生亲身体验实验操作的过程,加深对化学知识的理解和记忆。

平台还支持线上线下融合的课程形式。例如,在"科技创新实践"课程中,线上部分提供理论知识讲解、案例分析以及项目任务发布,学生在线上学习相关知识后,到科技实践中心进行实践操作。在实践过程中,学生可以利用中心的设备和资源,将线上所学知识应用到实际项目中。完成实践后,学生再回到线上平台,进行成果展示和交流,接受教师和同学的评价与反馈。这种线上线下相融合的课程形式,充分发挥了线上平台和线下实践的优势,提高了课程的实效性。

二、资源平台对教学模式创新的支持

(一)推动项目式学习模式的开展

资源平台为项目式学习模式的实施提供了有力的支持。平台整合了大量真实的项目资源,这些项目涵盖了各个领域,具有一定的复杂性和挑战性,能够激发学生的学习兴趣和主动性。例如,在"智慧城市规划"项目中,学生需要运用地理信息系统(GIS)技术、数据分析方法以及城市规划的相关知识,为一个虚拟城市进行规划设计,包括交通布局、公共设施选址、环境保护等方面。

平台为项目式学习提供了丰富的学习资源和工具。学生可以在平台上获取与项目相关的资料，如城市地理数据、人口统计信息、相关政策法规等。平台还提供了在线协作工具，方便学生团队进行沟通和协作。学生可以通过平台进行实时讨论、分工合作、共享文件，共同完成项目任务。在项目实施过程中，教师可以通过平台对学生进行指导和监控，随时查看学生的项目进展情况，及时给予反馈和建议。平台还支持学生之间的互评，学生可以对其他小组的项目成果进行评价，提出自己的意见和建议，从而促进学生之间的相互学习和交流。

项目式学习模式的开展，培养了学生的综合能力。学生在完成项目的过程中，需要综合运用多学科知识解决实际问题，从而提高学生的知识应用能力和问题解决能力。学生还需要进行团队协作，学会沟通、协调和分工，从而提高学生的团队合作精神和人际交往能力。项目式学习还注重学生的创新思维培养，鼓励学生提出独特的解决方案，培养学生的创新能力。

(二) 促进探究式教学的实施

资源平台为探究式教学提供了丰富的探究素材和多样化的探究工具。平台上的大量科学问题、实验案例和科研成果，为学生的探究活动提供了丰富的素材。例如，在"植物的向光性探究"实验中，学生可以在平台上获取关于植物向光性的相关资料，了解前人的研究成果和实验方法。平台还提供了虚拟实验工具，学生可以在虚拟环境中进行实验设计和操作，观察植物在不同光照条件下的生长情况。

平台为学生的探究过程提供了支持和引导。学生在探究过程中遇到问题时，可以在平台上搜索相关资料，寻求解决方案。平台还设置了探究引导环节，通过问题引导、提示等方式，帮助学生逐步深入探究。在探究"浮力的大小与哪些因素有关"的实验时，平台会引导学生思考可能影响浮力大小的因素，如物体的体积、液体的密度等，并提供相关的实验设计思路和方法。

探究式教学的实施，培养了学生的科学探究能力和科学精神。学生在探究过程中，学会提出问题、做出假设、设计实验、收集数据、分析结果，从而掌握科学探究的基本方法。探究式教学还培养了学生的科学精神，如实事求是、勇于探索、敢于质疑等。在探究过程中，学生需要尊重实验数据，当实验结果与预期不符时，要敢于质疑，重新思考实验设计和方法，从而培养了学生严谨的科学态度。

(三) 实现个性化教学

资源平台借助大数据和人工智能技术，实现了个性化教学。平台通过收集学生的学习数据，如学习时间、学习进度、测试成绩、作业完成情况等，运用大数据分析技术，对学生的学习情况进行全面分析，了解学生的学习特点、优势和不足。基于这些数据，平台能够为每个学生制订个性化的学习计划，推送符合其学习需求的课程内容与学习资源。

对于在数学逻辑方面表现出色但对编程实践操作稍显薄弱的学生，平台会优先推荐诸如"进阶编程算法实践案例解析""编程项目实战技巧提升"等针对性的课程，同时为其推送一些优秀的编程实践项目案例与在线练习资源。而对于那些在科学基础知识理解上存在困难的学生，平台则会推送更为基础且讲解细致的课程，如"物理基础概念深度剖析""化学基础原理趣味讲解"等，并搭配相应的基础练习题与辅导视频，帮助他们夯实基础。

平台的人工智能辅导系统也能依据学生的提问和学习情况，提供实时、个性化的解答与指导。当学生在学习过程中遇到问题时，智能辅导系统不仅能够给出答案，还会提供解题思路与相关知识点的链接，引导学生深入理解问题。比如，学生在学习机器人编程课程时，因对某段代码的功能理解困难而向智能辅导系统提问，系统会详细解释代码的逻辑结构、功能实现原理，并提供类似代码应用的案例链接，帮助学生举一反三。

在教学过程中，教师也能依据平台提供的学生数据，了解每个学生的学习状况，从而调整教学策略，进行有针对性的辅导。在课堂上，教师可以针对学生普遍存在的问题进行集中讲解，对于个别学生的特殊问题，则通过一对一辅导或小组辅导的方式进行解决。对于学习进度较快的学生，教师可以为他们提供一些拓展性的学习任务，满足他们的学习需求；对于学习进度较慢的学生，教师可以给予更多的关注和指导，帮助他们跟上教学进度。

三、平台为学生提供多样化实践与创新机会

（一）虚拟实验与模拟操作

虹口区科技教育资源平台开发了一系列虚拟实验与模拟操作项目，突破了传统实验教学在时间和空间上的限制。在物理学科中，学生可以通过平台进行"电路搭建与测试"的虚拟实验。学生无须在实验室中使用真实的电路元件，只需在虚拟环境中选择所需的电阻、电容、电感等元件，按照电路图进行搭建，即可进行电路实验。在实验过程中，学生可以实时观察电路中的电流、电压变化，还能对电路进行修改和调试，尝试不同的电路组合，探索电路的工作原理。这种虚拟实验不仅让学生在安全、便捷的环境中进行实验操作，还能节省实验成本和时间。

在化学实验方面，虚拟实验平台同样发挥了重要作用。学生可以在平台上进行"化学反应原理探究"的虚拟实验，如模拟酸碱中和反应、金属与酸的反应等。学生能够直观地在平台上观察到化学反应的现象，如颜色变化、气体生成等，同时还能通过虚拟仪器测量反应过程中的温度、pH 值等数据。虚拟实验平台还设置了错误操作提示功能，当学生进行错误操作时，系统会及时提醒学生，并解释错误原因，帮助学生避免在真实实验中出现危险，同时加深学生对实验原理的理解。

除了理化实验，平台还提供了工程设计、生物实验等多个领域的虚拟模拟操作项目。在工程设计模拟项目中，学生可以进行"桥梁设计与力学分析"的模拟操作。学生在虚拟

环境中设计桥梁结构,选择不同的材料和形状,然后通过模拟软件对桥梁进行力学分析,评估桥梁的承载能力和稳定性。通过不断调整设计参数,学生能够优化桥梁设计,提高自己的工程设计能力。

(二) 线上竞赛与创新活动

资源平台定期举办各类线上竞赛与创新活动,为学生提供了展示才华和锻炼能力的舞台。线上科技创新竞赛吸引了众多学生参与,竞赛主题涵盖人工智能、机器人、3D 打印等多个热门领域。在"人工智能创意应用竞赛"中,学生需要运用所学的人工智能知识,设计一个具有创新性的应用方案,如智能垃圾分类系统、智能安防监控系统等。学生在竞赛过程中,不仅能够将所学知识应用到实际项目中,还能锻炼自己的创新思维和实践能力。

平台还组织线上创新活动,如"科技创意征集活动""科普作品创作大赛"等。在"科技创意征集活动"中,学生可以提出自己的科技创意,无论是关于未来生活的奇思妙想,还是对现有技术的改进建议,都可以在平台上分享。活动组织方会邀请专家对学生的创意进行评估和指导,对于具有潜力的创意,还会提供一定的资源支持,帮助学生将创意转化为实际项目。这不仅激发了学生的创新热情,还培养了他们的项目规划和执行能力。

在"科普作品创作大赛"里,学生可以通过撰写科普文章、制作科普视频、设计科普海报等多种形式,将自己所掌握的科学知识以生动有趣的方式呈现出来。这不仅加深了学生对知识的理解,还提升了他们的表达能力和信息传播能力。学生们的作品在平台上展示,接受公众的投票和评价,进一步增强了学生的成就感和竞争意识。在此过程中,学生相互学习、相互启发,营造了浓厚的创新氛围。通过参与这些活动,许多学生的作品得到了专业人士的认可,有的作品还被推荐到更高级别的科普平台展示,这极大地鼓舞了学生的创新积极性。

(三) 线上协作与交流社区

资源平台搭建了线上协作与交流平台,为学生提供了一个互动交流的空间。学生可以在社区中组建学习小组,围绕共同感兴趣的科技项目或课题展开协作。例如,在一个关于"智能环保监测系统设计"的项目中,小组成员来自不同学校,他们通过社区内的即时通信功能、在线文档协作工具等,实时沟通项目进展,共同商讨设计方案。有的成员负责收集环境监测相关的数据资料,有的负责进行系统架构设计,还有的承担程序编写工作。在协作过程中,学生们相互学习、优势互补,学会了如何在团队中发挥自己的优势,提升了团队协作能力。

交流社区还设有专家答疑板块,定期邀请高校教授、科研人员以及行业专家入驻。学生们在学习和项目实践中遇到的问题,都可以在该板块向专家提问。专家们会及时给予专业解答,并引导学生深入思考问题,拓展思维深度和广度。在一次关于"量子通信原理"的讨论中,学生提出了关于量子纠缠在通信中应用的疑惑,专家不仅详细解释了相关原理,还分享了当前量子通信领域的前沿研究动态,让学生们大开眼界。

此外,社区还开设了经验分享区,学生们可以在这里分享自己在科技学习和实践中的心得、成果与经验教训。有的学生分享自己在参加科技竞赛时的备赛经验,包括如何选题、如何进行项目优化等;有的学生则分享自己在探索某个科学问题时所走过的弯路及最终的解决办法。这种经验分享促进了学生之间的相互学习,使他们能够从他人的经历中汲取有益的信息,少走弯路。线上协作与交流社区打破了地域和学校的限制,让学生们能够广泛地交流思想,激发创新灵感,共同在科技探索的道路上成长进步。

第四章

课程活动,构筑新范式主体

第一节　科普活动焕新

时代呼唤科普活动焕新,以科学魔法秀为代表的一些创新科普活动打破了传统科普活动的常规,将科学知识以一种极具趣味性和吸引力的方式呈现出来。科普活动不再是枯燥的讲解和实验演示,而是通过魔术般的效果,让学生在惊叹中感受科学的神奇与魅力,从而激发他们对科学的浓厚兴趣,为科普活动的发展注入了新的活力与生机。

一、科学魔法秀的策划思路与创新点

1. 结合趣味与科学原理

在科学魔法秀中,最引人注目的创新点之一就是将趣味与科学原理巧妙融合。以"测干冰温度"这一实验为例,在日常生活中,同学们可能只是听说过干冰,但很少有机会近距离观察其独特的性质。在科学魔法秀的舞台上,干冰被作为主角之一引入实验。当干冰升华时,周围的空气似乎瞬间被一种神秘的力量冷却,学生可以亲眼看到周围水汽迅速凝结成小冰晶,云雾缭绕。这一过程直观地展示了物质从固态直接变为气态的相变过程。这种呈现方式将原本抽象的科学概念,如相变等,以一种极具视觉冲击力的方式展现出来。学生不再需要死记硬背课本上干巴巴的定义,而是通过自己的眼睛实实在在地"看"到了科学原理在眼前发生。这种充满趣味的展示方式就像一把神奇的钥匙,打开了学生好奇心的大门。他们的脑海中会立刻充满疑问:为什么干冰会产生这么低的温度?还有什么物质也会有这样奇特的现象呢?这种好奇心进而转化为探索欲望,促使他们想要深入了解更多关于物质状态变化的知识。这一小小的实验,不仅仅是一个简单的演示,更是一种激发学生对科学热爱的有效方式。

2. 多样化的实验内容

科学魔法秀涵盖了众多领域的科学现象和实验,这也是其魅力所在。

"神秘的鱼洗盆"实验将古老的智慧与现代科学相结合。鱼洗盆是一种古老的器物,当用双手有节奏地摩擦盆耳时,盆中的水会溅起高高的水花,看起来十分神奇。这个实验背后隐藏着声音与振动之间的奥秘。当同学们看到这个现象时,他们的眼睛里充满了惊奇。他们会思考,为什么仅仅是摩擦盆耳就能让平静的水产生这样剧烈的反应呢?这促使他们去探究声音这种看不见摸不着的东西是如何转化为振动,进而影响水的运动的。

"空气炮"实验则把空气动力学这个看似高深的知识带到学生面前。一个简单的装置,当被触发时,能够产生一股强大的气流,将远处的物体吹倒。学生有机会亲手操作这个实验,感受空气的力量。他们会发现,原来平时无处不在、感觉不到重量的空气,竟然可以有如此强大的力量。这会引发他们对空气性质的重新认识,思考空气的流动、压力等概念。

而"霍格沃兹魔法大赛""名侦探柯南之变色可乐事件"等舞台剧形式的实验更是别具一格。这些实验以同学们熟悉的流行文化元素为背景,将科学知识巧妙地融入其中。对于喜爱《哈利·波特》和《名侦探柯南》的学生来说,这就像是把他们带入了自己喜爱的故事世界里,同时又发现了其中隐藏的科学秘密。在"霍格沃兹魔法大赛"中,可能会利用化学变色反应来模拟魔法中的药剂变化;在"名侦探柯南之变色可乐事件"中,通过化学知识解释可乐变色的原因。这种将熟悉的人物形象与科学实验相结合的方式,极大地增加了活动的趣味性和吸引力,让学生在享受故事的同时,不知不觉地学习了科学知识。

3. 强调互动性与参与性

互动与参与性是科学魔法秀不可或缺的重要环节。在许多科学魔法秀活动中,同学们不再是被动的观众,而是成为活动的一部分。例如,当学生有机会亲自发射"空气大炮"时,他们能够真切地感受到操作实验设备的乐趣和责任。在发射之前,他们需要仔细听专业人员讲解操作的要点,这是一个学习的过程。当他们亲手触发"空气大炮",看到强大的气流产生的瞬间,那种兴奋和成就感是无以言表的。这不仅让他们更加投入地参与到活动中,更加深了他们对空气动力学的理解。

同样,在亲手操作"酒精火箭炮"的实验中,学生要小心翼翼地按照步骤进行操作。他们会看到酒精燃烧产生的能量转化为火箭的动力,火箭腾空而起的那一刻,他们心中对能量转换、燃烧原理等知识有了更加直观的认识。这种互动性的活动,让学生在实践中学习,增强了他们的动手能力和对科学知识的理解。与单纯的观看演示相比,这种亲身参与的方式能够让知识更好地在同学们的脑海中扎根。

4. 融合多种艺术形式

科学魔法秀的独特之处还在于它将科学实验与舞台剧、魔术表演等艺术形式完美结合,打造出独一无二的视觉和感官体验。在舞台上,科学实验不再是孤立的、枯燥的操作,而是成为一个完整故事的一部分。演员们不仅是在进行科学实验,更是在演绎一个充满情节的故事。

比如,一个关于化学元素的节目,可能会以一个小魔法师寻找神秘元素来拯救魔法世界为故事背景。在这个过程中,小魔法师通过一系列的化学实验来寻找元素,每一个实验就像解开谜题的一把钥匙。舞台上的灯光、音响、服装等元素都与科学实验相互配合。当化学物质发生反应产生绚丽的色彩时,灯光会相应地聚焦,增强视觉效果;当有爆炸或剧烈反应时,音效会制造出紧张刺激的氛围。演员们的服装也可能会根据化学元素的特点进行设计,比如代表火焰元素的演员穿着以红色和橙色为主的服装。这种融合使得科学实验充满了艺术魅力,观众们不再只是单纯地观看科学知识的展示,而是沉浸在一个充满奇幻色彩的艺术世界里。这种全方位的感官体验更容易吸引学生的注意力,让他们在享受艺术的同时,对科学知识留下深刻的印象。

5. 利用现代科技手段

现代科技手段的运用为科学魔法秀注入了新的活力。在一些科学魔法秀活动中,多媒体设备发挥了重要作用。例如,在展示一些微观的科学实验过程时,如细胞分裂或者分子结构的变化,多媒体设备可以将这些微小的、肉眼难以观察的现象放大并清晰地展示出来。学生可以看到细胞内部的结构是如何一步一步地进行分裂的,分子之间是如何相互作用的,这种直观的展示方式让原本抽象、难以理解的微观世界变得清晰可见。

虚拟现实(VR)和增强现实(AR)技术也开始在科学魔法秀中崭露头角。通过VR技术,学生仿佛置身于一个虚拟的科学实验室中,他们可以在这个虚拟环境中自由地操作各种实验仪器,观察不同的科学现象。例如,在学习太阳系的知识时,学生可以通过VR设备进入一个虚拟的太阳系,近距离观察各个行星的表面特征、轨道运行等情况。AR技术则可以将虚拟的科学元素叠加到现实世界中。比如,当学生拿着手机或平板电脑扫描一张印有恐龙化石的卡片时,屏幕上会出现一只栩栩如生的恐龙,并且还可以展示恐龙的生活习性、身体结构等科学知识。这些现代科技手段让同学们更加身临其境地感受到科学的魅力,极大地提升了他们对科学的兴趣和探索欲望。

6. 适应不同年龄段的需求

科学魔法秀非常注重根据不同年龄段学生的认知水平和兴趣特点来设计内容。对于低年级的学生,他们的认知能力还处于较为基础的阶段,对世界充满了好奇但理解能力有限。因此,针对这个年龄段的实验往往更注重趣味性和直观性。例如,简单的颜色混合实验,将不同颜色的液体混合在一起,观察颜色的变化。这个实验既简单又有趣,同学们可以轻松地看到不同颜色混合后产生的新颜色,从而对颜色的概念有了初步的认识。同时,一些以可爱小动物为主题的科学小故事也会被融入实验中,比如小兔子为什么有长长的耳朵,通过简单的生物学知识解释,让学生在听故事的过程中学习科学知识。

而对于高年级的学生,他们已经具备了一定的知识基础,并且具有更强的逻辑思维能力和思考深度。针对这个年龄段的实验可以适当增加复杂性和深度。例如,在化学实验方面,可以引入一些较为复杂的化学反应,如酸碱中和滴定实验。在这个实验中,同学们需要精确地测量溶液的体积、浓度等参数,通过计算来确定酸碱中和的平衡点。这个过程需要他们运用数学知识和化学原理进行综合分析。在物理实验方面,可以设计一些探究电磁感应现象的实验,让他们深入理解电磁之间的相互关系。这种针对不同年龄段的设计,能够更好地满足同学们的学习需求,引导他们在自己的认知水平上进行更深入的思考。

7. 与生活实际紧密联系

科学魔法秀中的许多实验都取材于日常生活中的常见现象,这有助于学生发现科学就在身边。面粉爆炸实验就是一个很好的例子,在日常生活中,面粉是厨房中常见的食材,看起来平平无奇。然而,在科学魔法秀的舞台上,当将面粉扬散在一个特定的空间内,点燃火源时,会发生剧烈的爆炸现象。这个实验让学生大为震惊,他们开始意识到,原来身边看似普通的东西,在特定的条件下会发生如此危险的事情。通过这个实验,学生可以了解到粉尘爆炸的原理,包括粉尘的浓度、火源的条件等因素。这不仅让他们学到了科学知识,更重要的是培养了他们观察生活、运用科学知识解决实际问题的能力。

例如,学生在看到面粉爆炸实验后,会联想到生活中的其他场景,如工厂中的粉尘环境。他们会思考如何避免类似的危险情况发生,这就促使他们运用所学的科学知识,如通风、控制粉尘浓度等方法。这种与生活实际的紧密联系,让科学不再是高高在上、遥不可及的知识,而是与日常生活息息相关的有用工具。

8. 跨学科整合

科学魔法秀的一个重要创新点是跨学科整合。在这些活动中,往往涉及多个学科的知识,如物理、化学、生物等。例如,在一个关于植物生长的实验中,既涉及生物学科中植物的生理结构、光合作用等知识,又涉及化学学科中土壤的成分、肥料的化学性质等知识,还涉及物理学科中光的传播、温度对植物生长的影响等知识。

通过这种跨学科的整合,同学们能够认识到不同学科之间并不是孤立存在的,而是相互联系、相互影响的。当他们在学习植物生长的过程中,会发现原来植物的生长不仅仅是生物本身的事情,还与周围的化学环境和物理环境密切相关。这种跨学科的学习方式拓宽了同学们的知识视野,让他们学会从多个角度去思考问题。例如,当遇到植物生长不良的情况时,他们不再仅仅从生物角度去寻找原因,还会考虑土壤的化学性质是否合适,光照、温度等物理因素是否满足植物生长的需求。这种综合运用知识的能力对于学生未来的学习和生活都具有非常重要的意义。

9. 专业团队指导

科学魔法秀由专业的科学老师、科普工作者或魔术师等进行策划和表演,这是确保活动成功的关键因素之一。专业的科学老师具有深厚的学科知识,他们能够准确地把握科学原理,确保实验的科学性。例如,在进行化学实验时,他们能够精确地控制反应物的用量、反应条件等,保证实验结果的准确性。同时,他们还能够用通俗易懂的语言向学生解释复杂的科学原理,根据学生的反应及时调整讲解的方式和深度。

科普工作者则更擅长将科学知识以一种有趣、易懂的方式传播出去。他们了解学生的兴趣点和认知特点,能够将科学知识与学生熟悉的事物相结合。魔术师的加入则为科学魔法秀增添了更多的神秘色彩和趣味性,他们熟练的表演技巧可以将科学实验包装成一个个神奇的魔法表演。例如,魔术师可以利用手法和道具,将一个简单的物理重心实验变成一个看起来像是物体违背重力悬浮在空中的魔法。而且,这些专业人员在活动过程中还非常注重实验的安全性。他们会提前检查设备、确保实验环境安全。在活动过程中,他们也会对同学们进行安全指导,避免任何可能的危险情况发生。

10. 设置挑战与竞赛

在一些科学魔法秀活动中,设置了科学实验的挑战或竞赛环节,这是激发学生竞争意识和创新思维的有效方式。例如,在科创节或科学魔法大赛中,学生被分成不同的小组,每个小组需要完成一个特定的科学实验挑战。这个挑战可能是在有限的时间内,利用给定的材料制作一个能够实现特定功能的装置,或者是对一个现有的科学实验进行改进,使其效果更加明显或者更加环保。

在这个过程中,学生需要充分发挥自己的创新思维。他们会思考如何利用现有的知识和材料,以一种独特的方式来解决问题。同时,竞争意识也会被激发出来。每个小组都希望自己的作品能够脱颖而出,得到评委的认可。这种竞争意识促使他们更加努力地去完善自己的实验方案,提高实验的质量。而且,在参与挑战的过程中,学生还可以从其他小组的作品中学习到不同的思路和方法,拓宽自己的视野。这不仅有助于提高他们的科学实践能力,还能培养他们的团队合作精神,因为在完成挑战的过程中,小组成员需要相互协作、共同努力。

科学魔法秀通过以上众多的策划思路和创新点,为青少年科学教育提供了一种全新的、富有活力的方式,极大地激发了同学们对科学的兴趣和热爱,对提高青少年的科学素养有着不可忽视的重要意义。

二、对学生科学兴趣与素养提升的影响

1. 激发科学兴趣

科学魔法秀犹如一把神奇的钥匙,开启了同学们通往科学奇妙世界的大门,以其独有的神奇、有趣的特点,瞬间吸引学生的眼球,点燃他们对科学的炽热兴趣。以光明小学校的科学课堂为例,在那里进行的"面粉爆炸"和"光明探险号火箭升空"等实验就像一场场精彩的魔法表演。当进行"面粉爆炸"实验时,学生们原本熟悉的、在日常生活中用于制作食物的面粉,在特定的实验环境下,突然爆发出惊人的能量,扬起的粉尘瞬间化作一团火

焰和浓烟。这一强烈的视觉冲击将学生惊得目不转睛,他们的眼睛里充满了好奇与疑惑。而"光明探险号火箭升空"实验中,火箭在燃料的推动下缓缓升起,逐渐加速冲向天空,那壮观的景象仿佛带着同学们的梦想一同飞翔。这种震撼人心的实验现象,如同磁石一般吸引着同学们的注意力,在他们的内心深处种下了科学的种子。学生在目睹这些令人惊叹的场景后,内心被强烈的好奇心占据,脑海中不断浮现出各种问题:面粉为什么会爆炸?火箭是如何克服重力升空的? 这种好奇心就像一股强大的驱动力,促使他们迫不及待地想要深入了解背后隐藏的科学原理和奥秘,从而主动踏上探索科学世界的征程。这种由科学魔法秀激发的兴趣,不再是被动的、短暂的好奇,而是一种积极主动、深入持久的对科学知识的渴望,它为同学们打开了一个全新的知识领域,让他们看到了科学世界的无限魅力。

2. 增强科学认知

科学魔法秀中的直观实验演示,就像为学生搭建了一座连接抽象科学知识与具体认知的桥梁,使他们能够更加深入透彻地理解科学原理。拿"干冰大爆炸"实验来说,干冰这种物质对于学生而言可能只是在书本上或者偶尔在一些特殊场合听闻过。然而,在这个实验中,当干冰接触到特定的环境或者物质时,它开始迅速升华,产生大量如同云雾般弥漫的气体,这一过程清晰地展现在学生们眼前。他们目睹干冰由固态直接转变为气态,不再需要仅仅依靠课本上干巴巴的文字描述去想象升华这个概念,而是通过自己的视觉直观地理解了升华这一抽象的科学概念。同样,"液氮大爆炸"实验也给学生带来了深刻的认知体验。液氮那极低的温度特性在实验中展现得淋漓尽致,学生看到当液氮与其他物质接触时,物质在极低温度下发生的各种奇特变化,如某些物体变得脆弱易碎等。这些生动的实验现象将原本抽象难懂的科学知识变得具体可感,学生仿佛能够触摸到科学的脉搏。这种直观的感受不仅有助于学生更好地掌握科学原理,而且让他们在记忆这些知识时更加牢固。科学知识不再是孤立的、难以理解的符号,而是与这些鲜活的实验现象紧密相连,成为他们知识体系中生动且不可或缺的一部分。

3. 培养观察和思考能力

在科学魔法秀的舞台上,每一个实验都是一场对学生观察和思考能力的考验与锻炼。当学生置身于科学魔法秀的奇妙氛围中时,他们需要像敏锐的探险家一样,仔细观察每一个实验现象,深入思考其中蕴含的原因和规律。例如,在"空气炮"实验里,一个看似简单的装置,当空气在其中被压缩后突然释放,就能产生强大的力量,将远处的物体轻易吹倒。这个实验看似简单,却蕴含着丰富的科学原理。学生在观看这个实验时,眼睛紧紧盯着空气炮发射的每一个瞬间,他们会注意到空气被压缩时装置的变化,比如容器的形状、空气的流动方向等。在这个过程中,他们的观察力得到了极大的锻炼。同时,他们的大脑也在高速运转,思考着为什么压缩空气能够产生如此强大的力量,这背后与空气的压力、密度以及能量转换等科学概念有着怎样的联系。再看"变色可乐"实验,当可乐的颜色在某种物质的作用下发生奇妙的变化时,学生会全神贯注地观察颜色变化的过程,是从哪里开始变色的,颜色是如何逐渐转变的。并且他们会深入思考是什么物质导致了这种颜色的变化,是发生了化学反应吗?如果是,那是哪种类型的化学反应呢?这种观察和思考的过程就像一场思维的体操,让学生的观察力和思维能力在潜移默化中得到提升。他们逐渐学会从看似平常的现象中发现问题,并且运用自己所学的知识和逻辑思维去分析问题,这是科学探究过程中至关重要的能力。

4. 提升实践动手能力

众多的科学魔法秀活动精心设置了互动环节,这无疑为同学们提供了一片肥沃的土壤,让他们有机会亲自动手进行实验操作,从而提升自己的实践动手能力。就像在某小学的科创节中,同学们迎来了展现自己动手能力的绝佳机会。在这个充满创新与探索氛围的活动里,同学们可以参与各种富有创意的小发明制作,例如用废旧物品创作科幻城市模型等。当同学们着手进行科幻城市模型的制作时,他们首先要对废旧物品进行筛选和评估,思考哪些物品可以用来构建城市的建筑,哪些可以作为道路或者桥梁。这一过程需要他们运用自己的空间想象能力和对城市结构的基本认知。然后,在实际动手搭建的过程中,他们会遇到各种各样的问题,比如材料的连接方式、如何保持模型的稳定性等。同学们需要自己去寻找解决这些问题的方法,可能需要尝试不同的胶水或者连接结构,通过不断的试验和调整,最终完成一个独特的科幻城市模型。这种实际动手操作的过程,不仅仅是将一些物品简单地拼凑在一起,更是一个充满挑战和探索的过程。同学们在这个过程中,不仅能够提高自己的实践动手能力,熟练掌握各种工具的使用方法和材料的特性,还能在实践中发现问题、解决问题,培养创新能力和不怕困难、勇于尝试的实践精神。这种通过亲身体验获得的能力和精神,将对他们今后的学习、生活以及未来的职业发展产生深远的积极影响。

5. 促进团队协作

在一些科学魔法秀活动中,精心设计的分组实验或任务环节,宛如一个小小的社会协作训练场,对培养同学们的团队协作能力有着不可忽视的重要意义。例如,当学生参与制作"水下魔法瓶"或者进行"未来星际火星城"设计时,他们面临的任务不再是单个人可以轻松完成的,而是需要整个团队的共同努力。在制作"水下魔法瓶"的过程中,团队成员们需要各自发挥自己的专长。有的学生可能对化学物质在水中的反应比较了解,他们就可以负责挑选合适的化学试剂,以营造出瓶中美丽而神奇的水下景象;有的学生擅长手工制作,他们就会专注于瓶子的造型设计和装饰,确保瓶子既美观又能够满足实验要求;还有的学生逻辑思维较强,他们则会承担起规划整个制作流程的任务,确保每个环节都能够顺利衔接。在这个过程中,同学们需要相互合作、共同探讨。他们要不断地交流自己的想法和意见,当遇到分歧时,要学会通过沟通和协商来达成一致。比如在选择化学试剂时,可能会有不同的意见,有的学生认为某种试剂可以产生更绚丽的颜色效果,但另一种试剂可能更安全,这时团队成员就需要权衡利弊,综合考虑各种因素。同样,在进行"未来星际火星城"设计时,团队成员需要分工合作,从城市的布局、能源供应、生态系统到居民的生活设施等各个方面进行规划。擅长建筑设计的学生可以主导城市的整体布局规划,对火星城的建筑分布和结构进行设计;对能源知识有深入研究的学生则负责构思火星城的能源供应系统,例如,如何利用火星的资源来满足城市的能源需求;而关注生态环境的学生就要考虑如何构建火星城的生态系统,使居民能够在火星上生存。在这样的团队协作过程中,同学们学会了沟通、协调和分工合作,培养了团队意识和合作精神。这种团队协作能力是现代社会中不可或缺的重要素质,无论是在学术研究、职场工作还是日常生活中,都有着广泛的应用价值。

6. 培养创新思维

科学魔法秀那充满创新元素的形式和独特的实验内容,恰似一阵春风,轻轻拂过同学们的思维田野,激发他们的创新思维。当学生置身于科学魔法秀的奇幻场景中,看到一些前所未有的新奇实验现象或者别具一格的实验方法时,他们的想象力如同被点燃的火把,瞬间熊熊燃烧起来,创造力也随之被激发。例如,在看到"纸飞机空中复制"这样充满创意的创新实验后,学生们的脑海中像打开了一扇通往无限可能的大门。他们开始思考如何进一步改进纸飞机的设计,也许会从纸飞机的机翼形状、重量分布或者飞行姿态等方面入手。他们可能会想,如果把机翼设计成更加符合空气动力学原理的形状,是否能让纸飞机飞得更远、更稳呢?或者通过调整纸飞机头部的重量,能否改变它的飞行轨迹?除了改进纸飞机的设计,学生们还可能会受到启发,尝试创造出其他有趣的实验。比如,他们可能会思考能否将纸飞机的原理应用到其他材料上,制作出一种全新的飞行玩具;或者将纸飞机与其他科学概念相结合,创造出一个既能展示飞行原理又能体现其他科学现象的复合实验。这种创新思维的培养,如同在学生们的思维土壤中播下了希望的种子,对于他们的未来发展具有深远的意义。在当今快速发展的时代,创新能力是推动社会进步和个人成长的关键因素,而科学魔法秀为学生们提供了一个激发创新思维的优质平台,让他们在充满趣味和惊喜的氛围中,逐渐养成善于思考、敢于创新的良好思维习惯。

7. 提高科学素养

科学魔法秀就像一座综合性的科学素养提升训练营,学生们通过参与其中,在科学知识、科学方法、科学态度等多方面都得到了全面且深入的提升。首先,在科学知识方面,科学魔法秀丰富多样的实验内容涵盖了物理、化学、生物等多个学科领域。学生们在观看和参与这些实验的过程中,接触到了大量课本之外或者是课本上难以直观理解的科学知识。例如,在化学实验中,他们可能了解到一些特殊物质的性质和反应;在物理实验里,他们对力学、光学等原理有了更深刻的认识;在生物实验中,对生物的生理现象和生态系统有了进一步的了解。这些丰富的知识如同繁星点点,不断充实着他们的科学知识宝库。其次,在科学方法上,学生们在科学魔法秀中学会了运用观察、实验、分析、归纳等科学方法进行探究和思考。当他们面对一个新的实验现象时,首先要做的就是仔细观察,记录各种细节;其次通过亲自参与实验或者进一步的分析研究,找出其中的规律和原理;最后对这些结果进行归纳总结,形成自己的认知。这种科学方法的训练,让学生们在今后面对各种科学问题或者生活中的实际问题时,能够有一套系统的、理性的解决思路。最后,在科学态度方面,科学魔法秀培养了学生们严谨、认真的科学态度和勇于探索、敢于质疑的科学精神。在实验过程中,哪怕是一个微小的操作失误都可能导致实验结果的偏差,这让学生们深刻认识到在科学研究中严谨认真的重要性。同时,当他们看到一些不符合常规认知的实验现象时,不再是盲目接受,而是敢于提出自己的疑问并进行探索,这种勇于探索和敢于质疑的精神是科学不断发展进步的动力源泉。通过科学魔法秀,学生们在科学素养的各个方面都得到了全面的提升,为他们今后在科学领域的深入学习或者在生活中运用科学知识解决问题奠定了坚实的基础。

8. 增强自信心和表达能力

科学魔法秀为学生们提供了一个展示自我的舞台,当他们在这个舞台上成功完成实验、巧妙解决问题或者自信地展示自己的作品时,就像在内心深处种下了一颗自信的种子,逐渐生根发芽,让他们获得强烈的成就感和自信心。例如,在"校长杯"科创发明大赛这样的舞台上,那些凭借自己的智慧和努力获奖的学生,在收获荣誉的同时,更重要的是对自己的能力有了更多的认可。他们意识到自己通过努力可以在科学领域取得成果,这种自信心会延伸到他们学习和生活的各个方面。此外,在科学魔法秀的活动过程中,无论是与团队成员交流自己的想法和发现,还是向其他同学或者评委展示自己的作品和成果,都需要学生们有效地表达自己的观点和见解。在这个过程中,学生的表达能力得到了充分的锻炼。他们要学会如何组织自己的语言,清晰地阐述自己的思路和实验过程,准确地传达自己的想法。例如,在介绍自己制作的科幻城市模型时,学生们需要详细地说明模型的设计理念、各个部分的功能以及制作过程中遇到的问题和解决方法。这种表达能力的锻炼,让学生们在与他人交流时更加自信、从容,能够更好地将自己的想法展示给外界,这不仅有助于他们在科学学习中的交流与合作,也对他们今后在社会交往和职业发展中有着重要的积极影响。

第二节　竞赛激发潜能

一、组织各级竞赛的创新举措与组织特色

虹口区在组织各级科技竞赛方面采取了一系列的创新举措,形成了独具特色的组织

方式。

在竞赛项目设置上,注重结合时代发展需求和学生兴趣特长。例如,根据学生核心素养培育和综合素质评价的需求,在发展原有品牌项目的同时,与时俱进地大力推进新项目,如环球自然日、机关王等项目,以满足不同学生的兴趣和发展方向。

在竞赛组织形式上,呈现出多样化和灵活性的特点。一方面,积极做好学生科技综评工作,深入挖掘适合学生发展的科技创新项目。另一方面,充分发挥各方资源的优势,形成协同效应。如引入高校、科研院所等专业力量,为学生提供更前沿的指导和支持。

具体来说,虹口区青少年活动中心在组织竞赛时,通过多种方式提升竞赛的质量和效果。例如,在第39届上海市青少年科技创新大赛中,为鼓励更多学生加入科创行列,提高科技辅导员的课题指导能力,虹口区青少年活动中心在虹口区教育局和区科协的指导下,采取了一系列措施。一方面,通过开展教师专题培训、走访调研基层学校,积极动员和指导各校申报参赛。区赛共收到39所学校总计641份申报作品,申报学校数和项目总数均有所增加。另一方面,科技教师充分发挥示范引领作用,开展全过程、个性化的科创辅导。面对首次举行的终审项目创新素养和综合素质考查,教师们通过分组训练的方式为学生们答疑解惑、指点迷津。在比赛前两周,针对多个项目进行一对一"实战演练",包括展板设计、项目介绍、作品演示和模拟答辩。最终,多名学生科创成果和实践活动全部入围终审,并取得优异成绩。

此外,虹口区还积极承办各类市级以上重要赛事,以提升区域竞赛的影响力和水平。如首届长三角青少年人工智能奥林匹克挑战赛总决赛暨颁奖会、2017—2018 DI 上海青少年创新思维竞赛及颁奖大会、2020 及 2021 年环球自然日—青少年自然科学知识挑战活动上海地区决赛、第三届创客新星大赛——双创周系列活动等。这些赛事的成功举办,不仅为学生提供了更广阔的展示平台,也促进了区域间的交流与合作。

同时,虹口区注重与社会各界的合作,整合优质资源。例如,与上海科技馆、中国科学院上海微系统与信息技术研究所、同济大学物理科学与工程学院等单位共建科学教育实践基地,不断拓宽学生的学习空间和视野。

在竞赛的组织过程中,还强调全员参与和全面覆盖。通过各种途径鼓励更多学校参与,扩大竞赛的参与面,提高区域辐射影响力度,让更多的虹口学子受益。

二、竞赛在选拔人才、推动教育发展中的作用

竞赛在选拔人才和推动教育发展方面发挥着重要作用。

(一)对人才涌现的促进作用

首先,竞赛为具有科技创新潜力的学生提供了脱颖而出的机会。以虹口区为例,通过每年积极组织、指导、参加各级各类科技竞赛一百多项,许多学生在竞赛中展现出了卓越的才能。例如,在 2017 年海南中学首次获得 DI 全球赛冠军,获奖师生受到区领导接见;

2018年华师大一附中代表队获得全球赛第5名,取得了该项目中国队的最好成绩;2018世界航海模型仿真项目锦标赛中,复兴高级中学杨文昱同学获得青少年组冠军1项,是历年来中国青少年在该项目中获得的最高分;2018世界机关王大赛,虹口学子获得一等奖6项,以上海总成绩第一的优异成绩遥遥领先其余省市参赛队伍;2018 VEX 机器人世界锦标赛,虹口区48名学生(5所学校7支队伍)参赛,上外附中获高中组总冠军;2019 OM世界选拔赛,民办新华初级中学荣获第一名(获得世界赛资格)、江湾初级中学荣获富斯卡创造力奖(获得世界赛资格)、华师大一附中和曲阳第二中学均荣获第二名,海南中学王承翀老师荣获贡献奖;2019上海市青少年科技创新大赛,共获得一等奖29项,其中青少年创新成果板块获得18个一等奖,并有2项推送全国赛;2019年长青学校沈浩宇同学作为上海学生代表参加了环球自然日冠军挑战赛,荣获"信息传递"单项奖;2021年全国总决赛中,虹口斩获一等奖7项、二等奖5项、三等奖3项,"中心"代表队共获5个一等奖,为历年最好成绩;2021年上海市百万青少年争创"明日科技之星"评选活动,虹口学子共荣获4项"明日科技之星"、4项"明日科技之星提名奖"、22项"科技希望之星"(其中小学生5项)。这些优秀学生在竞赛中的出色表现,不仅为自己赢得了荣誉,也为未来的发展奠定了坚实的基础。

其次,竞赛有助于培养学生的综合素质。竞赛过程中,学生需要运用所学知识解决实际问题,从而提升他们的创新思维、实践能力、团队协作精神以及批判性思维等。例如,在准备竞赛项目的过程中,学生需要不断思考如何创新,如何将理论知识转化为实际成果;在团队合作中,学生学会了与他人沟通协作,共同攻克难题;面对竞赛的挑战和压力,学生需要具备坚韧不拔的毅力和良好的心理素质。这些综合素质的培养对于学生的未来发展至关重要,无论是在继续深造还是进入社会后的工作中,都具有重要的价值。

竞赛还能够激发学生对科学的兴趣和热情。通过参与竞赛,学生能够接触到更广泛、更深入的科学知识和技术,了解到科技领域的前沿动态,从而激发他们对科学研究和探索的渴望。这种兴趣和热情的激发,可能会促使学生在未来选择相关领域进行深入学习和研究,为科技创新事业培养后备人才。

(二)对教育发展的推动作用

在竞赛对教育的推动作用层面,虹口区的实践为我们展现了更为细致和多维度的成果。竞赛不仅对学生个体成长意义深远,还在学校发展、教育理念更新以及区域教育资源整合等方面产生了全方位的积极影响。

虹口区通过组织竞赛,推动了学校科技教育特色的形成与发展。众多学校为了在竞赛中取得优异成绩,积极投入资源开展科技教育相关活动。例如,区内部分学校以科技竞赛为契机,构建了一套完善的科技教育课程体系。这些课程从基础的科学知识普及,到针对竞赛项目的专业技能培训,形成了层层递进的课程架构。在课程设计上,充分考虑了不同年龄段学生的认知水平和兴趣点,既能激发低年级学生对科学的初步兴趣,又能为高年级学生提供深入探究和创新实践的平台。通过长期的课程实施,学生在系统学习中不断积累知识和技能,为参与竞赛打下坚实基础,也使得学校在科技教育领域逐渐形成了独特的品牌和声誉。

竞赛活动还促使学校加强师资队伍建设。为了更好地指导学生参与竞赛,学校积极引进具有专业背景和丰富经验的科技教师,并为现有教师提供各类培训和学习机会。虹口区组织的教师培训活动涵盖了科技教育的多个方面,如项目式学习、跨学科教学等前沿教育理念和方法的培训,以及针对特定竞赛项目的专业技能培训。教师通过这些培训,不仅提升了自身的专业素养,还将新的教育理念和教学方法融入日常教学中。在教学实践中,教师们积极引导学生开展探究式学习,鼓励学生自主提出问题、设计实验方案并进行实践验证,培养学生的创新思维和实践能力。这种教学方式的转变,使得课堂教学更加生动有趣,学生的学习积极性和主动性得到了极大提高。

竞赛对教育资源的整合和优化起到了重要的促进作用。虹口区以竞赛为纽带,加强了学校与高校、科研院所、企业等社会各界的合作。高校和科研院所凭借其先进的实验设备、前沿的科研项目以及专业的科研人才,为学校提供了丰富的教育资源。例如,高校实验室向学校开放,学生有机会参与到高校的科研项目中,亲身体验科研的全过程,拓宽了学术视野,了解到科学研究的前沿动态。企业则通过提供资金、设备、实习机会等方式支持学校的科技教育。部分企业与学校合作开展产学研项目,将实际生产中的问题引入校园,让学生在解决实际问题的过程中,提高创新能力和实践能力。这种多方合作的模式,实现了教育资源的共享与优化配置,为学生提供了更加丰富多样的学习机会和实践平台。

在教育理念的更新方面,竞赛活动促使虹口区教育工作者不断反思和改进教育教学方法。随着竞赛对学生创新能力和综合素质要求的不断提高,传统的以知识传授为主的教育理念逐渐向注重培养学生创新思维、实践能力和团队协作精神的方向转变。教育工作者认识到,培养学生不仅要注重知识的积累,更要关注学生的兴趣培养和个性发展,鼓励学生勇于尝试、敢于创新。在这种教育理念的引领下,虹口区各学校积极开展多样化的科技教育活动,除了传统的科技课程和竞赛培训外,还组织了科技社团、科技节、科普讲座等活动。这些活动为学生提供了展示自我的平台,激发了学生的创新潜能,营造了浓厚的科技创新氛围。

此外,竞赛在促进区域教育公平方面也发挥了一定的作用。通过组织竞赛,虹口区为不同学校的学生提供了公平竞争的机会。无论是基础条件较好的学校,还是相对薄弱的学校,学生都可以凭借自己的努力和才华在竞赛中崭露头角。竞赛的公平竞争机制激励着每一所学校积极开展科技教育,努力提升学生的科技素养。同时,虹口区在竞赛组织过程中,注重对薄弱学校的扶持和指导。通过开展送教下乡、教师交流等活动,将优质的教育资源引入薄弱学校,帮助薄弱学校提升科技教育水平,缩小校际之间的差距,促进区域教育的均衡发展。

从长远来看,竞赛活动为虹口区培养了一批具有创新精神和实践能力的青少年人才,这些人才将成为未来社会科技创新的主力军。同时,竞赛所带来的教育变革和资源整合,也为虹口区的教育事业注入了新的活力,推动了区域教育向更高水平、更具特色的方向发展。在未来的发展中,虹口区应继续充分发挥竞赛的作用,不断完善竞赛组织机制,创新竞赛形式和内容,加强与各方的合作,进一步优化教育资源配置,为培养更多适应时代发展需求的创新人才奠定坚实基础,努力打造具有区域特色的高质量科技教育体系。

第三节 课程体系创新

在构筑新范式主体的科技教育中,课程体系创新是关键的一环。它不仅关乎教学内容的选择与组织,更涉及教学方法的改革与师资队伍的建设。

一、教师在课程开发中的创新成果

虹口区在科技教育课程体系创新方面取得了显著成果,这一成果犹如一颗璀璨的明珠,在教育领域熠熠生辉。而这背后,是教师们在课程开发中的积极探索与创新实践,他们如同辛勤的园丁,精心耕耘,不断播撒创新的种子,培育出丰富多彩的课程之花。

(一)跨学科课程体系的构建

虹口区教育局深谋远虑,通过部署科学课程的一体化设计,为学校的课程创新提供了方向与框架。这一举措犹如灯塔,指引学校朝着构建多维度、多层次的科学课程体系前行。

复兴高级中学的"一体两翼"课程就是其中的典范。这一课程模式的诞生,是教师们深入思考和精心设计的结晶。所谓"一体",是将科学教育与人文教育视为一个有机整体,摒弃了传统教育中二者分离的模式。在当今社会,科学与人文相互交融,任何一个领域的重大突破都离不开另一方的支撑。例如,在医学领域,医生不仅需要精湛的医学技术(科学范畴),还需要良好的医德(人文范畴),才能更好地为患者服务。在"一体两翼"课程中,教师们巧妙地将文学、历史、哲学等人文学科的元素融入科学课程之中。

比如,在物理课程中,教师会引入物理学史的内容。当讲解牛顿定律时,教师不仅会传授公式和原理,还会讲述牛顿发现这些定律的过程,以及当时的社会背景、牛顿的个人经历和思想转变等。这就让学生明白,科学发现不是孤立的,而是在特定的历史、文化和社会环境下产生的。同时,在人文课程中,也会融入科学元素。例如,在历史课上,讲述工业革命时,教师会详细介绍当时的科学技术发展,如蒸汽机的发明原理、纺织机的机械结构等。这种跨学科整合的方式,极大地拓宽了学生的知识视野。

学生们不再局限于单一学科的狭窄知识范畴,而是能够站在更宏观的角度看待知识体系。他们学会了从不同学科的视角去分析问题,例如在解决环境问题时,他们可以从科学角度分析污染物的成分和传播途径,从人文角度思考人类行为对环境的影响以及应该承担的社会责任。这种跨学科的思维方式,极大地提升了他们的创新能力和问题解决能力。创新能力的提升体现在学生能够提出新颖的观点和解决方案。在学校组织的科技创新比赛中,许多学生能够结合不同学科的知识,设计出独特的作品。比如,有学生利用生物学中的微生物知识和工程学中的机械原理,设计出一种能够自动分解垃圾的环保装置。问题解决能力的增强则表现在面对复杂问题时,他们能够迅速找到解决问题的切入点。例如,在面对社区内噪声污染的问题时,学生们能够从物理学的噪声产生和传播原理入手,结合社会学中的社区管理和人际关系知识,提出合理的解决方案,如设置隔音设施、调整社区活动时间等。

(二) 特色校本课程的开发

各学校依据自身的独特之处和丰富资源,积极开发具有特色的校本课程,如同百花齐放,各自散发着独特的魅力。

五十二中学的"生态文明教育"课程是学校教师根据周边环境以及社会发展趋势精心打造的。教师们敏锐地察觉到生态环境问题日益严峻,而学生作为未来社会的建设者,必须具备强烈的环保意识和可持续发展观念。这一课程内容丰富多样,涵盖了多个层面。

在理论知识方面,教师会详细讲解生态系统的结构和功能。从微观的生物群落组成,如森林中的植物、动物、微生物之间的相互关系,到宏观的生态平衡原理,让学生深入了解生态环境的复杂性和脆弱性。例如,教师通过图片、视频等多种形式展示热带雨林生态系统中不同生物之间的食物链关系,以及如果其中一种生物数量发生变化会对整个生态系统产生怎样的连锁反应。同时,还会介绍环境科学的基础知识,如污染物的种类、来源和危害等。

在实践活动方面,学校组织学生开展了一系列丰富多彩的活动。例如,开展校园生态调查,学生们分组对校园内的植物种类、分布、土壤质量、水资源状况等进行调查和分析。他们运用所学的知识,撰写详细的调查报告,并且提出改善校园生态环境的建议。此外,学校还组织学生参与社区的环保公益活动,如垃圾分类宣传、植树造林等。通过这些活动,学生们深刻体会到环保不仅仅是理论知识,更是实实在在的行动。他们的环保意识在实践中得到了极大的提升,许多学生在日常生活中自觉养成了节约能源、减少污染的好习惯。而且,这种可持续发展观念也深入他们的内心,影响着他们未来的职业选择和生活方式。

曲阳二中的"DI工坊"课程则采用了项目式学习的方式,充满了活力与创意。这一课程的开发源于教师们对传统教学方式的反思。传统教学往往注重知识的灌输,学生处于被动接受的状态,而项目式学习能够让学生主动参与知识的获取和应用过程。

在"DI工坊"课程中,教师会根据学生的年龄和知识水平设计不同的项目。例如,对于低年级学生,会设计一些简单的手工制作项目,如制作简易的太阳能风扇。教师首先会讲解太阳能转化为电能的基本原理,然后引导学生思考如何利用这一原理制作一个能够转动的风扇。学生们需要自己动手绘制设计图,选择合适的材料,如太阳能电池板、电机、叶片等,然后进行组装和调试。在这个过程中,他们会遇到各种各样的问题,如电机不转、叶片安装不平衡等,而解决这些问题的过程就是他们学习和成长的过程。对于高年级学生,项目则会更加复杂和具有挑战性。例如,设计一个智能机器人,这个机器人需要具备一定的自主导航、物体识别和任务执行能力。学生们需要学习人工智能、传感器技术、机械设计等多方面的知识,然后进行系统的集成和编程。

通过"DI工坊"课程,学生们在动手实践中掌握了科学知识和技能。他们的学习兴趣被极大地激发出来,不再觉得学习是枯燥无味的事情。而且,在项目式学习过程中,学生们的团队合作能力也得到了锻炼。每个项目都需要学生们分组合作完成,他们需要分工明确,互相沟通协调,共同解决遇到的问题。这种团队合作精神将对他们未来的工作和生活产生积极的影响。

这些校本课程的开发,就像给学校注入了新鲜血液,不仅丰富了学校的课程资源,还极大地增强了学生的学习兴趣和参与度。学校不再是千篇一律的课程设置,而是充满了个性化和特色化的教育内容。学生们可以根据自己的兴趣和特长选择适合自己的课程,真正实现了因材施教。

(三)数字化课程资源的建设

随着信息技术如同一股汹涌澎湃的浪潮席卷而来,数字化课程资源在科技教育中的重要性不言而喻,如同给教育插上了一双腾飞的翅膀。虹口区科技实践中心敏锐地捕捉到这一趋势,积极开发了一系列数字化课程。

"梦工厂——生物创意实验室"这一数字化课程内容丰富且极具吸引力。课程以生物科学为核心,融入了大量的创意元素。课程首先对生物学的基础知识进行系统地讲解,从细胞结构到生物进化,从基因遗传到生态系统。但与传统生物课程不同的是,它采用了大量的多媒体手段。例如,在讲解细胞结构时,会通过3D动画展示细胞内部的各种细胞器的形态、结构和功能,学生可以通过鼠标拖动、放大缩小等操作,全方位地观察细胞内部的微观世界。这种直观的展示方式让学生对抽象的生物知识有了更深刻的理解。

同时,课程还设置了许多创意实验环节。例如,利用虚拟现实(VR)技术,让学生模拟进行基因编辑实验。学生可以在虚拟环境中操作各种实验仪器,设计自己的实验方案,观察基因编辑后的生物性状变化。这种虚拟实验不仅可以避免真实实验中的安全风险,还可以让学生进行更多大胆的尝试和创新。此外,课程还鼓励学生进行生物创意作品的设计。比如,有学生利用3D打印技术,根据生物仿生学原理,设计出一种新型的建筑结构,这种结构具有更好的通风、采光和节能效果。

"机器人,开启智能未来"这一数字化课程则聚焦于机器人技术这一前沿领域。课程从机器人的基本结构和原理讲起,包括机械结构、传感器、控制器等。同样,在讲解过程中运用了丰富的数字化手段。例如,通过视频展示工业机器人在生产线上的高效工作场景,让学生直观地感受到机器人的强大功能。然后,课程会引导学生进行机器人编程的学习。利用在线编程平台,学生可以编写简单的程序,控制机器人的运动、动作等。而且,课程还设置了机器人创意设计项目。学生可以根据自己的想象和创意,设计出具有不同功能的机器人。例如,有学生设计了一款用于家庭服务的机器人,它可以自动打扫房间、识别家庭成员并进行简单的对话交流。这些数字化课程不仅具有内容丰富、形式多样、交互性强等特点,还能够满足不同学生的学习需求,提高他们的学习效果。对于学习能力较强、对科技充满好奇心的学生来说,他们可以深入挖掘课程中的高级内容,如进行复杂的机器人编程优化、深入研究生物基因工程的前沿理论等。而对于学习能力相对较弱的学生,他们可以从基础内容学起,通过课程中的动画、视频等直观形式逐步建立起对知识的理解。

总之,虹口区教师在课程开发中的创新成果,无论是跨学科课程体系的构建、特色校本课程的开发还是数字化课程资源的建设,都为学生提供了更加优质、多元、个性化的教育体验,推动了虹口区科技教育向更高水平发展,也为其他地区的教育创新提供了宝贵的经验借鉴。

二、教师在教学实践中的创新探索

教学实践在整个课程体系创新进程中占据着举足轻重的地位,它犹如一座桥梁,将理论性的课程体系与学生的实际学习体验紧密相连。虹口区的教师们犹如勇敢的开拓者,在这片教学实践的领域中不断创新,积极探寻新颖的教学方法与手段,旨在全方位提升教学效果,激发学生对学习的浓厚兴趣。

(一) 项目式学习的推广

项目式学习,这一充满活力与创新的教学方法,将学生置于学习的核心位置,以问题为导向,恰似一把神奇的钥匙,开启了学生主动学习的大门。虹口区的教师们敏锐地捕捉到项目式学习的巨大潜力,积极投身于其推广之中。

在"机器人,开启智能未来"课程里,教师们精心设计了多个匠心独具的机器人制作项目。这些项目可不是简单地拼凑,而是经过深思熟虑,蕴含着丰富的教学目标和知识要点。以其中一个制作简易机器人的项目为例,教师首先会给学生们提出一个明确且富有挑战性的任务:设计并制作一个能够在特定环境中完成特定任务的机器人,比如在模拟的家庭场景中能够自动识别并避开障碍物,将指定物品搬运到指定地点。

该任务就像一颗投入平静湖面的石子,瞬间激起学生们的兴趣和好奇心。学生们开始积极主动地探索机器人的基本原理。他们要深入研究机器人的机械结构,了解不同部件的功能和相互之间的连接方式,就像机械工程师一样精心规划每一个零件的布局。在这个过程中,他们会遇到各种各样的问题,例如,如何选择合适的电机来提供足够的动力,同时又要保证机器人的整体重量和体积在合理范围内。这就促使他们运用所学的物理知识进行计算和分析,从功率、扭矩等多个方面进行考量。

而机器人的编程技能则是另一个关键的学习点。学生们需要学习编程语言,编写代码来控制机器人的运动、传感器的使用及任务的执行逻辑。这就如同赋予机器人"智慧",让它能够按照预定的计划行动。在编写程序的过程中,他们会遇到逻辑错误、语法错误等各种编程中常见的问题。但正是通过不断的调试、修改代码,他们逐渐掌握了编程的技巧和方法,并且学会了如何从错误中吸取教训,提高自己的编程能力。

在整个项目式学习的过程中,学生们并非独自作战。每个项目小组就像一个小型的创业团队,成员们有着明确的分工。有的学生擅长机械结构的设计和组装,他们就负责机器人的硬件部分;有的学生对编程有着浓厚的兴趣和天赋,他们就专注于编写代码;还有的学生具备良好的组织协调能力,他们就承担起团队的管理和沟通工作。在项目推进过程中,团队成员之间需要密切合作,互相交流想法,共同解决遇到的难题。当机器人在测试过程中出现问题时,他们会一起进行故障排查,从硬件故障到软件漏洞,逐一分析原因。这种团队合作意识的培养,对于学生们未来在任何领域的工作和生活都有着不可估量的价值。

而且,这种项目式学习极大地提升了学生的创新能力。在设计机器人的过程中,没有固定的模式和答案,学生们可以充分发挥自己的想象力和创造力。他们可以尝试不同的设计思路,采用新颖的材料和技术,为机器人添加独特的功能。例如,有的小组为机器人添加了语音交互功能,使机器人能够根据语音指令进行操作;有的小组则利用传感器技术,让机器人能够根据环境光线的变化自动调整运动速度。通过这样的项目式学习,学生们不仅在动手实践中扎实地掌握了机器人的基本原理和编程技能,还培养了团队合作意识、解决问题的能力以及创新能力,为他们未来的发展奠定了坚实的基础。

(二)探究式学习的应用

探究式学习如同一场充满惊喜的知识探险之旅,它以引导学生主动探索、发现和解决问题为核心,虹口区的教师们巧妙地将这一教学方式广泛应用于教学之中,为学生们打开了一扇深入探索知识奥秘的大门。

在"科学魔法秀"课程中,教师们精心创设了一个个充满趣味和悬念的情境,就像一位位神奇的魔法师,用科学的魔法吸引着学生们的注意力。例如,在一堂关于化学反应的课程中,教师一开场就进行了一场"魔法表演":将两种看似普通的无色液体混合在一起,瞬间产生了大量的彩色泡沫,泡沫像火山喷发一样不断涌出,整个场景就像一场奇妙的魔法秀。这个神奇的现象立刻引发了学生们的强烈好奇心,他们的眼睛里充满了疑惑和求知欲。

随后,教师提出了一系列富有启发性的问题:"为什么这两种液体混合会产生这样的现象呢?""这背后隐藏着什么样的科学原理呢?"这些问题就像一把把钥匙,开启了学生们主动探索的思维之门。学生们开始积极思考,提出各种假设和猜测。有的学生根据之前学过的化学知识,猜测可能是两种液体中的某种物质发生了化学反应,产生了气体,从而导致泡沫的产生;有的学生则从物理的角度思考,认为可能是两种液体混合后改变了液体的表面张力,从而产生了这种奇特的现象。

在学生们提出假设之后,教师并没有直接给出答案,而是引导他们进一步探索。教师为学生们提供了一些简单的实验器材,如试管、滴管、试剂等,让他们自己动手进行实验验证。学生们分组小心翼翼地进行实验操作,他们按照自己的假设进行实验设计,逐步进行实验步骤。在实验过程中,他们认真观察实验现象,记录实验数据,并且不断地分析和思考。

当发现自己的假设与实验结果不一致时,他们并没有气馁,而是重新调整自己的思路,再次提出新的假设并进行验证。这种不断探索、不断修正的过程,正是探究式学习的魅力所在。通过这样的探究式学习,学生们最终发现了背后的科学奥秘:原来是两种液体中的一种酸和一种碳酸盐发生了化学反应,产生了二氧化碳气体,气体在液体中形成了大量的泡沫。

这种探究式学习方式不仅极大地增强了学生的学习兴趣和动力,还在多个方面提升了他们的能力。首先,在科学素养方面,学生们通过亲身经历提出问题、作出假设、进行实验验证、得出结论等一系列科学探究的过程,对科学研究的方法有了更深入的理解和掌握。他们学会了如何观察现象、分析数据、解释结果,以及如何运用科学知识解决实际问题。其次,在创新能力方面,探究式学习鼓励学生们突破常规思维,提出独特的假设和想法。在探索过程中,他们需要不断地寻找新的方法和途径来验证自己的想法,这就促使他们发挥自己的创造力。例如,在设计实验方案时,学生们可能会想到一些与众不同的实验方法,或者在分析实验结果时,提出一些新颖的解释和观点。这种创新能力的培养,将对学生们未来在科学研究、技术创新等领域的发展产生积极的影响。

(三)信息技术与学科教学的融合

在当今数字化浪潮汹涌澎湃的时代,信息技术如同一位神通广大的助手,为教育领域带来了前所未有的变革机遇。虹口区的教师们如同敏锐的领航员,积极探索信息技术与学科教学的深度融合,借助多媒体、网络等信息技术手段,将原本抽象、晦涩的科学概念和原理转化为直观、生动的学习内容,如同将知识的宝藏以最耀眼的方式展现在学生们面前,助力他们更好地理解和掌握知识。

在"机器人,开启智能未来"课程中,教师们充分利用编程软件和仿真平台,为学生们打造了一个充满科技感的学习环境。编程软件就像一把神奇的钥匙,为学生们打开了机器人编程的大门。教师们先从基础的编程指令开始讲解,通过编程软件的可视化界面,将复杂的编程逻辑以图形化的方式呈现出来。例如,用不同形状和颜色的图形块代表不同的编程指令,如前进、后退、转弯等机器人的基本动作指令,以及判断、循环等逻辑控制指令。学生们可以像搭积木一样轻松地组合这些图形块,编写简单的机器人程序。这种可视化的编程方式降低了编程的门槛,让即使是没有任何编程基础的学生也能快速上手。

而仿真平台则是一个虚拟的机器人实验场。学生们可以将自己编写的程序导入仿真平台中,模拟机器人在各种环境下的运行情况。在这个虚拟的世界里,他们可以设置不同的场景,如迷宫、崎岖地形等,观察机器人的运动轨迹和行为表现。如果机器人在仿真过程中出现问题,如撞到墙壁或者无法到达目标地点,学生们可以立即回到编程软件中修改代码,然后再次进行仿真测试。这种反复迭代的过程,使学生们能够快速地掌握机器人编程的技巧和方法,提高他们的编程能力。

同时,这种教学方式还增强了学生的创新意识和实践能力。在仿真平台上,学生们可以不受实际硬件条件的限制,尽情地发挥自己的想象力和创造力。他们可以设计各种奇特的机器人运动模式和任务执行逻辑。例如,有的学生设计了一种能够根据周围环境自动变换形态的机器人,在平坦的地面上它是轮式机器人,便于快速移动;当遇到障碍物时,它可以变形为履带式机器人,轻松越过障碍。这种创新的想法在传统的教学模式下可能很难实现,但在信息技术的支持下,学生们可以将自己的创意转化为实际的编程和仿真测试。

除了"机器人,开启智能未来"课程中的应用,在其他学科教学中,信息技术也发挥着重要的作用。例如,在生物学科教学中,教师们利用多媒体资源,将微观的生物结构和生理过程以动画、视频的形式展示出来。在讲解细胞的有丝分裂过程时,传统的教学方式只能通过黑板上的静态图片和教师的口头讲解,学生们很难理解细胞内部复杂的染色体变化和分裂过程。而通过动画演示,学生们可以清晰地看到细胞从间期的物质准备,到前期染色体的螺旋化、中期染色体的排列、后期姐妹染色单体的分离,再到末期细胞的分裂形成两个子细胞的整个动态过程。这种直观的展示方式让学生们对抽象的生物知识有了更深刻的理解,同时也激发了他们对生物学科的学习兴趣。

在地理学科教学中,网络资源的利用让学生们能够领略到世界各地的风土人情和自然景观。教师可以通过网络搜索到大量的高清图片、视频资料,以及地理信息系统(GIS)等工具,为学生们展示不同地区的地形地貌、气候特征、人口分布等地理要素。例如,在讲解热带雨林气候时,教师可以播放一段亚马逊热带雨林的视频,让学生们身临其境地感受那里茂密的植被、丰富的生物多样性和湿热的气候特点。同时,利用GIS工具,教师可以向学生们展示热带雨林在全球的分布范围,以及与其他地理要素之间的相互关系。这种借助信息技术的教学方式,不仅丰富了教学内容,还拓宽了学生们的视野,提高了他们的学习效果。

总之,虹口区的教师们在教学实践中的这些创新探索,无论是项目式学习的推广、探究式学习的应用,还是信息技术与学科教学的融合,都为教育注入了新的活力。这些创新的教学方法和手段犹如一盏盏明灯,照亮了学生们的学习之路,激发了他们的学习兴趣,提升了他们的各种能力,为培养适应现代社会发展需求的创新型人才奠定了坚实的基础。

三、师资队伍建设对推动科技教育新范式发展的作用

在科技教育不断演进的进程中,师资队伍建设犹如一座坚实的基石,是推动科技教育新范式发展的关键因素。虹口区深刻认识到这一要点,积极采取多种措施,包括加强教师培训、引进优秀人才以及建立激励机制等,致力于全方位提升教师队伍的整体素质和能力水平。

(一)加强教师培训

虹口区对教师培训工作给予了高度重视,这一重视并非空穴来风,而是基于对教育发展规律的深刻洞察。在当今科技飞速发展、教育理念不断更新的时代背景下,教师如果故步自封,仅凭以往的教学经验,很难适应科技教育新范式的要求。因此,虹口区通过一系列丰富多样的培训活动,如定期组织教学研讨、专家讲座、教学观摩等,为教师们搭建了一个不断学习和成长的平台。

虹口区科技实践中心在教师培训方面发挥着重要的引领作用。每年,中心都会精心策划并邀请知名专家和学者前来进行专题讲座和教学指导。这些专家和学者来自不同的领域,他们或是在前沿科技研究方面卓有建树,或是在教育教学理论研究方面有着深厚的造诣。例如,在人工智能逐渐渗透到教育领域的当下,中心邀请了人工智能领域的专家,为教师们详细解读人工智能的基本原理、发展现状以及在教育中的潜在应用。专家通过深入浅出的讲解,结合实际案例,如智能教育辅助系统如何根据学生的学习数据提供个性化学习方案等,帮助教师理解这一复杂的新兴技术。这种讲座让教师意识到,他们可以借助人工智能技术更好地分析学生的学习行为和需求,从而调整教学策略。

同时,专家的教学指导也具有很强的针对性。他们深入课堂,观察教师的教学过程,然后从教学目标的设定、教学内容的组织、教学方法的选择以及师生互动等多个维度给予详细的反馈和建议。例如,在一节关于机器人编程的课程观摩后,专家指出教师在引导学生解决编程中遇到的逻辑错误时,可以采用更具启发性的问题引导法,而不是直接告知答案。这一建议让教师认识到,培养学生自主思考和解决问题的能力在科技教育中至关重要。

除了专家讲座和教学指导,中心还积极鼓励教师们参与课题研究和学术交流活动。课题研究是教师深入探索教育教学问题的有效途径。教师们可以结合自己的教学实践,选择具有现实意义的研究课题,如"如何利用虚拟现实技术提升学生对科学实验的理解和操作能力"等。在参与课题研究的过程中,教师需要查阅大量的文献资料,了解国内外在该领域的研究现状,这有助于他们拓宽视野,站在更宏观的角度看待教育问题。同时,通过设计研究方案、收集和分析数据等环节,教师的科研能力得到了锻炼。例如,一位教师在研究学生对数字化课程资源的接受度时,通过问卷调查、访谈以及数据分析等方法,发

现学生对具有互动性和趣味性的数字化课程资源更感兴趣。基于这一研究结果,他在自己的教学中增加了更多互动元素,如在线讨论区、虚拟实验竞赛等,有效提升了学生的学习积极性。

学术交流活动则为教师们提供了与同行分享经验、交流思想的机会。在学术交流会议上,教师们可以了解到其他地区或学校在科技教育方面的创新实践。例如,有的学校在开展航天科技教育时,采用了与航天科研机构合作,让学生参与卫星模型制作和发射模拟的项目式学习方式。这种经验分享让虹口区的教师们受到启发,他们可以借鉴类似的模式,开展与本地科技企业或科研机构的合作,为学生创造更多接触前沿科技的机会。通过参与课题研究和学术交流活动,教师们不断提升自己的科研能力,而这种科研能力的提升又反哺到教学中,使他们的教学水平得到了进一步提高。

(二)引进优秀人才

虹口区为了吸引更多的优秀人才加入科技教育队伍,采取了一系列富有前瞻性和吸引力的措施。在当今竞争激烈的人才市场中,科技教育领域要想吸引到优秀人才,必须提供具有竞争力的条件。

首先,提高教师待遇是吸引人才的重要举措之一。教师的待遇不仅仅是物质上的薪资报酬,还包括福利、工作环境等多个方面。在薪资方面,虹口区根据教师的专业技能、教学经验和工作成果等因素,制定了合理的薪酬体系,确保优秀教师能够得到相应的经济回报。例如,对于具有高级专业技术职称且在科技教育教学方面取得显著成绩的教师,给予较高的薪资待遇。同时,在福利方面,虹口区为教师提供了丰富的福利保障,如住房补贴、医疗补贴、子女教育优惠等。这些福利措施有助于减轻教师的生活压力,让他们更专注于教学工作。此外,良好的工作环境也是吸引人才的关键因素。虹口区各学校注重打造现代化、人性化的教学和办公环境。例如,在科技实践中心,配备了先进的教学设备,如智能实验室、多媒体教室等,这些设备为教师开展科技教育教学提供了有力的硬件支持。同时,学校还营造了积极向上、尊重知识和人才的校园文化氛围,让教师们感受到自己的工作价值和职业尊严。

其次,提供职业发展空间也是吸引优秀人才的重要手段。虹口区为教师们规划了清晰的职业发展路径。对于新入职的教师,提供全面的入职培训和导师指导,帮助他们尽快适应教学工作。随着教师教学经验的积累和教学能力的提升,学校为他们提供晋升机会,如从普通教师晋升为骨干教师、学科带头人等。在这个过程中,教师们可以获得更多的教学资源支配权和教学自主权,能够参与学校的课程规划和教学改革决策。同时,虹口区加强与高校、科研院所等机构的合作与交流,为教师们提供更广阔的发展平台。例如,与高校合作开展教师在职研究生培养项目,鼓励教师在工作之余继续深造,提升自己的学历和专业素养。通过这种合作,教师们可以接触到高校的前沿学术研究成果和先进的教育理念,将其融入自己的教学实践中。此外,引进高水平的科技教育人才来校任教或开展合作研究也是提升教师队伍整体素质的有效途径。高校和科研院所拥有大量的优秀人才资源,虹口区通过与其建立合作关系,邀请专家学者来校开设短期课程或进行长期任教。这些专家学者带来了不同的教学风格和科研思维方式,与本地教师进行交流和合作。例如,某高校的一位机器人工程专家到虹口区的学校任教,他不仅传授了先进的机器人技术知识,还带来了新的教学方法,如基于项目驱动的机器人创新设计课程教学模式。本地教师在与他合作的过程中,学习到了如何引导学生从实际需求出发进行机器人设计,如何进行跨学科知识融合等教学技巧。这种合作不仅为虹口区的科技教育注入了新的活力,也在潜移默化中提升了教师队伍的整体素质和能力水平。

(三)建立激励机制

激励机制对于激发教师们的积极性和创造力具有不可忽视的作用。在教育领域,教师们的工作热情和创造力直接影响着教学质量和学生的学习效果。因此,虹口区建立了一系列完善的激励机制。

设立教学优秀奖、科研成果奖等奖项是激励机制的重要组成部分。教学优秀奖旨在表彰在教学方面表现卓越的教师。这些教师在教学过程中展现出了高超的教学艺术,能够根据学生的特点和需求,灵活运用各种教学方法,有效提高学生的学习兴趣和学习成绩。例如,有的教师在"生物创意实验室"课程中,通过设计趣味横生的生物实验,将抽象的生物学知识转化为学生可操作、可观察的实践活动,极大地提高了学生对生物学科的热爱和理解。对于获得教学优秀奖的教师,虹口区给予精神上的表彰,如颁发荣誉证书,在全区教育系统内进行宣传表扬,同时给予物质上的奖励,如奖金、教学资源优先使用权等。科研成果奖则侧重于对教师在科研方面的成绩进行肯定。在科技教育领域,教师的科研成果对于推动教育教学改革、探索新的教育范式具有重要意义。例如,一位教师在研究数字化课程资源与学生学习效果的关系方面取得了显著成果,他通过实证研究发现了不同类型数字化课程资源对学生知识掌握、能力提升和创新思维培养的影响规律,并提出了优化数字化课程资源建设的建议。对于这样的科研成果,虹口区给予相应的奖励,鼓励教师们积极投身于科研工作。这种奖励不仅是对教师个人努力和成果的认可,也为其他教师树立了榜样,激发了他们在教学和科研方面的竞争意识。

同时,虹口区还鼓励教师们积极参与各类教学竞赛和评比活动,展示自己的教学成果和科研能力。教学竞赛是教师们展示教学风采、交流教学经验的重要平台。例如,在全区的科技教育教学竞赛中,教师们需要精心准备教学设计,展示自己在教学内容、教学方法、教学手段等方面的创新之处。通过参与竞赛,教师们可以学习到其他教师的优秀教学经验,发现自己的不足之处,从而不断改进教学方法。在评比活动方面,如优秀课程评比、优秀教学案例评比等,教师们可以将自己的教学成果进行系统整理和展示。这些评比活动不仅有助于提高教师们的教学水平,还为虹口区的科技教育积累了丰富的教学资源。对于在竞赛和评比活动中表现优秀的教师,虹口区同样给予表彰和奖励,这进一步提高了教师们的荣誉感和归属感。这种荣誉感和归属感会促使教师们更加热爱自己的工作,积极投入教学和科研工作中,不断追求进步和发展。例如,一位教师在参加了全区的科技教育教学竞赛后,受到了其他教师创新教学方法的启发,回到学校后对自己的课程进行了重新设计,增加了更多互动性和探究性的教学环节,使学生的学习效果得到了明显提升。同时,他也更加积极地参与学校的教学改革和科研项目,希望能够再次在竞赛和评比活动中取得好成绩,为学校和虹口区的科技教育增光添彩。

综上所述,虹口区通过加强教师培训、引进优秀人才和建立激励机制等多方面的师资队伍建设措施,有效地提升了教师队伍的整体素质和能力水平,对推动虹口区科技教育新范式的发展起到了至关重要的作用。师资队伍就像一艘航船的舵手,他们素质和能力的提升,将引领虹口区的科技教育在新时代的浪潮中朝着更加创新、高效、优质的方向发展。

第五章
师资培育，强化新范式动力

随着科技的迅猛发展和教育改革的深入推进，科技教育作为培养未来创新人才的重要途径，其重要性日益凸显。然而，要实现科技教育的新范式，不仅需要课程体系的创新，更离不开一支高素质、专业化的师资队伍。

第一节 师资队伍现状洞察

一、师资队伍情况分析

（一）师资队伍的数量

虹口区青少年活动中心的科技师资队伍规模呈现出相对较小的特点，尽管人数不多，他们却承担着相当完整建制的工作量。这一现象背后反映出多方面的因素。

首先，科技教师团队成员具备高度的工作热情和责任感。每一位成员都深知自己在科技教育工作中的重要性，他们积极投入各项工作任务当中，没有丝毫的懈怠。这种热情不仅仅源于对工作的热爱，更是对科技教育事业的一种使命感。例如，在组织大型科技展览活动时，这些成员需要负责从展览的策划、展品的征集与布置、活动的宣传推广到现场的讲解引导等众多环节。他们每个人都身兼数职，在各个环节中发挥着不可或缺的作用。

其次，科技教师团队成员具有高效的工作能力。他们能够熟练地运用现代科技教育工具和方法，优化工作流程，提高工作效率。在日常的科技课程教学中，他们善于利用数字化教学资源，如在线教学平台、虚拟实验室等，将原本复杂的教学内容以更直观、更生动的方式呈现给学生。这不仅节省了教学准备的时间，还提高了学生的学习效果。而且，在教学管理方面,他们采用了先进的项目管理方法,将各项教学任务分解为具体的小项目,明确每个项目的目标、任务、时间节点和责任人,从而确保整个教学工作的有序进行。

最后,科技教师团队协作精神发挥了关键的作用。他们就像一个紧密咬合的齿轮组,在工作中相互配合、相互支持。在面对繁重的工作量时,他们能够根据各自的专业特长和能力进行合理的分工。比如,擅长科技理论知识讲解的成员负责课堂教学,而在科技实践操作方面经验丰富的成员则主导实验课程和科技竞赛的组织工作。在遇到问题时,他们会迅速聚集在一起,共同商讨解决方案,充分发挥集体的智慧和力量。这种高效的团队协作使得他们能够在人数有限的情况下,完成相比之下规模大得多的团队的工作量。

(二)师资队伍的结构

虹口区科技教师队伍在年龄、职称、学历等方面有着较为合理的结构,这一结构对科技教育的发展具有重要意义。以2024年虹口区青少年活动中心科技部为例,共有教师67名。

从年龄结构来看,这个平均年龄35岁的团队充满了活力和创新精神。年轻教师在科技教育领域往往具有更强的适应能力和探索精神。他们对新兴科技趋势有着敏锐的感知力,能够迅速将最新的科技成果引入教学内容中。例如,随着人工智能技术的快速发展,年轻教师们积极探索如何将人工智能教育融入常规的科技课程中。他们会引入一些简单的人工智能编程工具,如Scratch的人工智能扩展模块,让学生在轻松愉快的氛围中接触人工智能的基本概念和算法。同时,年轻教师也更善于与学生建立良好的沟通关系,因为他们与学生的年龄差距相对较小,更容易理解学生的思维方式和兴趣爱好,从而能够根据学生的特点制定更具针对性的教学方案。

在职称结构方面,高级教师有10名,中级教师有28名,初级教师有29名。高级教师的存在为整个教师队伍提供了丰富的教学经验和专业引领。这些高级教师在科技教育领域耕耘多年,积累了深厚的教学功底和丰富的教学资源。他们能够在教学方法的选择、教学内容的深度挖掘以及教学评价等方面给予年轻教师宝贵的建议。例如,在开展一些复杂的科技项目式学习时,高级教师可以凭借自己的经验,帮助年轻教师确定项目的目标和框架,指导他们如何引导学生进行有效的探究和实践。中级教师则在高级教师和初级教师之间起到了承上启下的桥梁作用。他们既能够学习和吸收高级教师的教学经验,又能够与初级教师分享自己在教学过程中的心得和体会。初级教师则充满了朝气和冲劲,他们积极向中级和高级教师学习,不断提升自己的教学水平。

学历结构方面,这个团队的教师具有不同层次的学历背景,这有助于形成多元的知识体系和教学视角。高学历的教师可能在理论研究和前沿科技知识的传授上具有优势,而不同学历层次的教师相互交流合作,可以让教学内容既有深度又有广度,满足不同层次学生的学习需求。

(三)师资队伍的专业背景

虹口区科技教师队伍的专业背景呈现出多元的特点,这一特点为科技教育的发展带来了丰富的资源和创新的动力。科技部的教师们通过不断的学习和实践,努力提升自身的专业素养和指导能力,为科技教育的高质量发展提供了有力保障。

这些教师的专业背景涵盖了多个学科领域,包括物理学、化学、生物学、计算机科学、工程学等。这种多学科的专业背景使得教师们在科技教育中有更广阔的视野和更多样的教学手段。例如,在开展关于环保科技的教学时,具有生物学背景的教师可以从生态系统的角度讲解环境保护的重要性,让学生了解生物多样性与环境的相互关系;而具有化学背景的教师则可以深入分析环境污染中的化学因素,如酸雨的形成原理、化学污染物的处理方法等;有计算机科学背景的教师则可以引导学生利用编程和数据分析来研究环境数据的监测和分析。

在跨学科的教学和科研中,教师们更是展现出卓越的能力。他们能够打破学科界限,将不同学科的知识有机融合到一个教学项目或科研课题中。例如,在设计一个关于智能农业的教学项目时,教师们将计算机科学中的物联网技术、工程学中的自动化控制技术以及生物学中的植物生长原理相结合。学生们在这个项目中,不仅要学习如何构建物联网系统来监测农作物的生长环境,还要运用自动化控制技术来调节灌溉、施肥等农业操作,同时理解植物生长对环境因素的需求。这种跨学科的教学模式不仅丰富了教学内容,提高了学生的学习兴趣,还培养了学生的综合思维能力和跨学科解决问题的能力。

而且,多元的专业背景也有助于教师们开展多元化的科研工作。他们可以从不同的学科视角出发,研究科技教育中的各种问题。例如,在探索如何提高学生对科技课程的学习效果时,物理学背景的教师可能从物理实验教学的改进入手,研究如何设计更有趣、更具挑战性的物理实验;而计算机科学背景的教师则可能关注在线学习平台的优化,通过开发个性化的学习算法来提高学生的学习效率。这些不同方向的科研成果相互交流和融合,为虹口区的科技教育提供了全方位的理论支持和实践经验。

二、现有师资队伍在科技教育新范式构建中的优势与不足

(一)优势

1. 专业素养高

虹口区科技教师队伍整体专业素养较高,这是构建科技教育新范式的重要基石。他们在各自的专业领域经过系统的学习和培训,具备扎实的专业知识。这种专业知识不仅包括基础的学科知识,还涵盖现代科技教育的理念、方法和技术。例如,在教授机器人编程课程时,教师们能够准确地讲解机器人的工作原理、编程逻辑以及相关的数学和物理知识。他们深知机器人编程不仅仅是代码的编写,更是培养学生逻辑思维、空间想象和创新能力的重要手段。

在把握科技教育的核心目标和要求方面,他们表现得尤为出色。科技教育的核心目标是培养学生的科学素养、创新能力和实践能力,虹口区的教师们能够将这些目标贯穿于教学的始终。在教学设计中,他们注重设置具有挑战性和启发性的问题情境,引导学生主动思考和探索。例如,在航空航天科技教育中,教师不会仅仅局限于向学生传授飞机和火箭的基本结构和飞行原理,而是会提出诸如"如何设计一种更环保、更高效的航空航天器"这样的问题,激发学生的创新思维。同时,在教学评价中,他们也不再单纯以考试成绩为标准,而是综合考虑学生的课堂表现、实验操作能力、项目作品成果以及团队协作能力等多方面因素,全面评价学生的科技素养。

2. 创新精神强

教师队伍具备较强的创新精神和实践能力,这为科技教育注入了新的活力和动力。他们不断探索新的教学模式和方法,以适应快速发展的科技环境和不断变化的学生需求。例如,在虚拟现实(VR)和增强现实(AR)技术逐渐普及的背景下,教师们积极探索将这些技术应用于科技教育的方式。他们利用VR技术创建虚拟实验室,让学生仿佛置身于真实的科学实验环境中,进行一些在现实中难以开展的危险实验或微观实验。例如,在化学实验中,学生可以通过VR设备安全地观察化学反应中原子和分子的运动过程。

在教学方法上,他们也不断创新。传统的讲授式教学逐渐被项目式学习、探究式学习等以学生为中心的教学方法取代。在项目式学习中,教师们会根据科技教育的主题设计一系列具有实际意义的项目。如在新能源汽车的项目式学习中,学生们需要从新能源的种类、汽车的动力系统、电池技术到市场推广等多个方面进行研究和实践。他们要组建团队,进行市场调研,设计新能源汽车的模型,制定推广方案等。这种教学方法让学生在实践中学习,提高了他们的综合能力。而且,教师们还鼓励学生参与科技竞赛、科技创新活动等,在实践中锻炼学生的创新能力。

3. 团队协作好

虹口区科技教师队伍注重团队协作和资源共享,这一优势能够形成强大的合力,共同推进科技教育的发展。在学校内部,不同学科背景的教师之间经常开展合作教学。例如,在开展关于智能建筑的科技教育项目时,建筑工程专业的教师可以提供建筑结构和设计方面的知识,电子工程专业的教师负责讲解智能控制系统的原理和应用,计算机专业的教师则指导学生编写智能建筑的管理软件。这种跨学科的合作教学模式能够让学生接受到更全面、更系统的科技知识。

在学校与学校之间,教师们也积极开展合作与交流。他们共享教学资源,包括优秀的教案、教学课件、实验设备等。例如,一些在机器人教学方面有丰富经验的学校会将自己编写的机器人编程教材、制作的教学视频分享给其他学校的教师。同时,教师们还会共同组织科技教育活动,如联合举办科技展览、科技竞赛等。这种区域内的合作不仅扩大了科技教育的规模和影响力,还提升了整个区域的科技教育水平。

(二)不足

1. 人员配置紧张

相对于日益增长的科技教育需求,虹口区科技教师队伍的人员配置仍显紧张,这是制约科技教育全面发展的一个重要因素。随着科技的不断进步和社会对科技人才需求的增加,越来越多的学校和学生对科技教育的需求也在不断提高。然而,目前虹口区的科技教师数量有限,难以充分满足所有学校和学生的需求。

在学校层面,每所学校分配到的科技教师数量较少,这就导致教师的教学任务十分繁重。例如,一位科技教师可能需要同时承担多个年级、多个班级的科技课程教学任务。在这种情况下,教师很难有足够的时间和精力对每个学生进行个性化的指导。在开展科技活动时,由于人员有限,活动的规模和质量也受到一定的影响。例如,原本可以组织全校性的大型科技竞赛,但由于教师人手不足,只能缩小规模或者降低活动的复杂程度。

在区域层面,这种人员紧张的情况也影响了科技教育资源的均衡分配。一些偏远地区或者规模较小的学校可能很难得到足够的科技教师支持。这就导致这些学校的学生在接受科技教育方面与其他学校的学生存在差距,不利于科技教育的公平性发展。

2. 跨学科能力有待提升

虽然教师队伍的专业背景多元,但在跨学科的教学和科研方面仍有待进一步提升,以适应科技教育新范式的多元化需求。尽管教师们已经能够在一定程度上开展跨学科教学,但在深度和广度上还存在不足。

在教学方面,跨学科教学的整合度相对较低。例如,在一个关于生物医学工程的跨学科教学项目中,教师可能只是简单地将生物学和工程学的知识进行拼凑,并没有真正实现学科知识的深度融合。学生可能只是分别学习了生物学中的人体生理结构和工程学中的电子设备原理,但对于如何将两者有机结合,设计出生物医学仪器,理解还不够深刻,这就需要教师们进一步提升跨学科教学设计的能力,从教学目标、教学内容、教学方法到教学评价等各个环节进行全面的跨学科整合。

在科研方面,跨学科的研究项目相对较少,而且在跨学科研究方法的掌握上还有待加强。科技教育新范式要求教师能够从多学科的角度研究教育现象和问题,但目前教师们在这方面的探索还不够深入。例如,在研究科技教育对学生创新思维培养的影响时,教师们可能更多地从单一学科的角度出发,如从计算机科学的角度研究编程教育对创新思维的影响,而缺乏从跨学科的角度,如结合心理学、社会学和工程学等多学科的理论和方法来进行全面的研究。

3. 培训资源有限

当前针对科技教师的培训资源相对有限,难以满足教师队伍持续学习和专业成长的需求。在快速发展的科技时代,科技知识和教育理念不断更新,教师需要通过不断参加培训来提升自己的专业素养。然而,虹口区现有的培训资源在数量和质量上都存在一定的局限性。

从数量上看,培训机会相对较少。每年能够提供给科技教师的培训名额有限,这就使得很多教师无法及时参加培训。例如,一些前沿科技领域的培训,如量子计算技术在科技教育中的应用培训,由于名额有限,只有少数教师能够参加,大部分教师只能望而却步。

从质量上看,培训内容和培训方式也存在一些问题。培训内容可能不够全面和深入,不能涵盖科技教育的各个方面。例如,在新兴科技教育工具的培训中,可能只涉及一些基本的操作介绍,而缺乏对如何将这些工具与教学内容深度融合的指导。在培训方式上,以传统的讲座式培训为主,缺乏互动性和实践性。教师们在培训过程中只是被动地接受知识,很难将培训所学直接应用到实际教学中。这种培训资源的有限性,在一定程度上限制了教师队伍的专业成长和科技教育的创新发展。

第二节 多元培训体系构建

一、多元培训的设计与实施

(一)技能通识培训

技能通识培训旨在为科技教师奠定坚实的科技教育基础,是提升其基本素养的关键环节。虹口区青少年活动中心在技能通识培训方面投入了大量的精力,通过精心的设计与有效的实施,为教师们提供全面且深入的学习机会。

从培训的设计角度来看,中心根据科技教育的整体要求和教师队伍的现状,确定了培训内容的框架。这个框架涵盖了科技教育的基本理念、方法和技能三个主要方面。在基本理念方面,培训内容包括对现代科技教育目标的解读,如培养学生的科学思维、创新能力、对科学技术的正确态度等,让教师们深刻理解科技教育不仅仅是知识的传授,更是对学生科学精神的塑造。例如,通过案例分析的方式,向教师们展示如何在日常教学中渗透科学伦理教育,使学生在掌握科技知识的同时,认识到科技发展对社会和人类的影响。

在培训方法方面,着重介绍多样化的教学方法,如探究式学习、合作学习、问题导向学习等。为了让教师们更好地理解这些方法,培训中设置了模拟教学环节,让教师们分组进行教学模拟,然后相互评价和反馈。这样一来,教师们不仅能够从理论上了解这些方法的原理和应用场景,还能在实践中亲身体验它们的操作过程和效果。

对于技能部分,培训内容涉及基本的科技工具使用,如常用的科学实验仪器、数字化教学工具等。以数字化教学工具为例,培训详细介绍了在线教学平台的功能和使用方法,包括如何创建课程、上传教学资源、组织在线讨论、进行在线测试等。同时,还教授教师们如何利用一些简单的多媒体制作软件制作生动有趣的教学课件,如利用 Adobe Animate 制作动画演示课件,从而帮助教师们将抽象的科技知识以直观的动画形式呈现给学生。

在培训的实施方面,中心采取了定期举办的方式,每两周一次的专题培训频率确保了教师们能够持续学习,避免知识的遗忘和学习的间断性。每次培训都会邀请专家学者进行授课和指导,这些专家学者来自不同的领域,包括高校的科技教育专家、科研机构的研究员以及具有丰富教学经验的一线教师。例如,高校的科技教育专家能够从理论高度为教师们解读最新的科技教育政策和理念,科研机构的研究员则可以分享前沿的科技研究成果及其在教育中的潜在应用,一线优秀教师能够传授在实际教学过程中的宝贵经验和实用技巧。

培训的形式也十分多样化,除了传统的讲座式授课,还包括小组讨论、案例分析、实地观摩等。小组讨论环节鼓励教师们就某个具体的科技教育问题展开深入讨论,例如,如何在有限的教学资源下开展探究式学习。教师们可以分享各自的经验和见解,在交流中拓宽思路。案例分析则是选取一些成功的科技教育案例,让教师们分析其中的优点和不足之处,并提出改进建议。实地观摩是组织教师们到一些科技教育示范学校进行参观学习,实地感受优秀的科技教育模式和教学环境,通过与示范学校的教师和学生交流,获取第一手的经验和启示。

(二) 项目专题培训

项目专题培训是一种聚焦于特定教学项目或科研课题的深度培训,它是虹口区青少年活动中心为适应科技教育发展需求而精心打造的重要培训形式。

在设计上,项目专题培训紧密围绕特定的领域或项目展开。首先,中心会进行深入的需求调研,了解当前科技教育在不同领域的发展趋势以及教师们在特定项目教学和科研中面临的实际问题。例如,在无人机项目的培训设计之前,中心通过问卷调查、教师座谈会等方式,发现教师们对无人机的飞行原理、操控技术以及在不同场景下的应用等方面存在知识和技能的欠缺。

根据调研结果,培训内容被精准定位。对于无人机项目的专题培训,内容涵盖了无人机的基础理论知识,如空气动力学原理、无人机的机械结构、电子设备组成等。在教学方法方面,针对无人机教学的特点,培训包括如何设计无人机相关的实践课程,如何引导学生从简单的操控到复杂的编程飞行任务。例如,从最基本的起飞、降落、悬停等操作教学,到如何利用编程实现无人机的自主飞行路径规划等高级任务。

在机器人项目的专题培训中,除了机器人的基本原理和机械结构知识外,还着重于机器人的编程教育。培训教师如何根据不同年龄段和学习水平的学生,选择合适的编程工具,如对于初学者使用 Scratch 图形化编程,而对于有一定基础的学生引入 Python 编程。同时,还包括机器人在不同领域的应用案例分析,如工业机器人、服务机器人、教育机器人等,让教师们能够全面了解机器人的应用场景,从而更好地在教学中引导学生发挥想象力,探索机器人的更多可能用途。

培训的实施具有很强的计划性和针对性。中心会根据项目的复杂程度和教师的现有水平,制定不同层次的培训课程。例如,对于初次接触无人机项目的教师,先安排基础入门课程,让他们对无人机有一个初步的了解和基本的操控能力。随着教师水平的提升,再安排进阶课程,如无人机的高级编程和复杂任务执行等内容。

培训过程中,同样注重理论与实践的结合。除了课堂上的理论讲解,还会安排大量的实践操作环节。以机器人项目培训为例,教师们会在培训现场亲自组装机器人、编写程序并进行调试。中心还会提供各种类型的机器人设备和相关的编程工具,确保教师们能够在实践中深入理解和掌握所学知识。

此外,项目专题培训还会与相关的企业和机构进行合作。在无人机项目培训中,与无人机生产企业合作,邀请企业的工程师到现场进行技术讲解和设备维护方面的指导。在机器人项目培训中,与机器人研发机构合作,获取最新的机器人技术资料和研究成果,使教师们能够站在科技前沿,将最先进的知识和技术融入教学中。

(三)实践技能培训

实践技能培训在提升科技教师实际操作能力方面发挥着不可替代的作用,虹口区青少年活动中心通过多种方式构建并实施这一培训模式。

在设计方面,实践技能培训以科技创新项目、竞赛和实践活动为核心内容,中心充分认识到,这些活动是教师积累实践经验、提升实践技能的最佳载体。对于科技创新项目,培训设计要注重项目的完整性和多样性。从项目的选题开始,培训教师如何引导学生发现具有科技含量和创新潜力的项目主题。例如,结合当下社会热点问题,如环保、能源等,挖掘与之相关的科技项目,像"基于太阳能的城市绿色照明系统设计"这样既有现实意义又能激发学生创新思维的项目。

在项目实施过程中,培训内容包括项目规划、资源整合、技术应用等方面。教师们要学习如何制订详细的项目计划,合理安排时间、人力和物力资源。例如,在一个涉及多学科知识的科技创新项目中,教师要学会协调不同学科背景的学生组成团队,发挥各自的优势。同时,要掌握如何引导学生运用多种技术手段解决项目中的问题,如利用3D打印技术制作项目模型、利用传感器技术收集数据等。

对于科技竞赛的培训设计,中心针对不同类型的竞赛制定专门的培训方案。以机器人竞赛为例,培训内容包括竞赛规则解读、竞赛策略制定、机器人优化等方面。教师们首先要深入理解竞赛规则,包括比赛的任务要求、评分标准等。然后根据规则制定相应的竞赛策略,如在机器人足球竞赛中,是采用进攻为主还是防守反击的策略。在机器人优化方面,教师要指导学生对机器人的机械结构、传感器、程序等进行改进,以提高机器人在竞赛中的性能。

在实践活动方面,培训涵盖了活动组织、安全保障、效果评估等内容。例如,组织一次户外的科技考察实践活动,教师要学习如何选择合适的考察地点、安排交通和住宿、确保学生的安全等。同时,还要掌握如何对实践活动的效果进行评估,如通过学生的考察报告、实践操作成果等方面来衡量活动是否达到预期目标。

在实施过程中,中心积极组织教师参与各类科技创新项目、竞赛和实践活动。对于科技创新项目,中心鼓励教师与学生共同参与,形成师生合作的项目团队。在项目开展过程中,教师既是指导者,也是参与者,与学生一起面对项目中的挑战,共同探索解决方案。例如,在一个关于智能家居系统的创新项目中,教师与学生一起研究智能传感器的选型、控制系统的设计等问题。在这个过程中,教师的实践技能得到了锻炼,同时也能更好地指导学生。

在科技竞赛方面,中心积极组织教师带队参加各级各类科技竞赛。在赛前,组织针对性的集训,帮助教师和学生熟悉竞赛环境和规则。比赛过程中,教师要现场指导学生应对各种突发情况,赛后,组织教师和学生进行总结反思,分析竞赛中的优点和不足之处,为下一次竞赛积累经验。

在实践活动方面,中心定期组织教师参与各种规模的实践活动。如组织教师带领学生参加科技展览、科普讲座、户外科技考察等活动。通过这些活动,教师不仅提升了自己的实践技能,还激发了自己的创新精神和团队协作精神。

二、培训对教师专业成长和教育教学能力提升的作用

(一)促进教师专业成长

多元培训体系的构建和实施对虹口区科技教师队伍的专业成长产生了深远的影响。

首先,通过技能通识培训,教师们在科技教育的基本理念、方法和技能方面得到了全面的提升。在理念方面,教师们对科技教育的内涵和目标有了更深刻的理解,不再仅仅局限于知识的传授,而是更加注重对学生科学素养的培养。例如,一位教师在参加培训后,改变了以往只注重学生考试成绩的观念,开始在课堂上引导学生关注科技发展对社会和环境的影响,鼓励学生从不同角度思考科技问题,培养学生的批判性思维能力。

在方法方面,教师们掌握了更多样化的教学方法,能够根据不同的教学内容和学生特点灵活选择教学方法。比如,在教授一些抽象的科学概念时,教师们不再单纯采用传统的讲授法,而是尝试运用探究式学习方法,通过设计有趣的探究问题,引导学生自主探索,让学生在探究过程中理解概念的本质。这不仅提高了学生的学习兴趣和参与度,还提升了教师的教学效果。

在技能方面,教师们学会了使用各种新的科技工具和教学资源,这使得他们在教学过程中能够更加生动形象地展示教学内容。例如,教师学会了使用虚拟实验室软件后,可以让学生在虚拟环境中进行科学实验。这种方式不仅节省了实验成本,还能让学生进行一些在现实中难以操作的实验,如模拟微观粒子的运动等。

项目专题培训则进一步提升了教师们在特定领域的专业知识和技能。以无人机项目培训为例,教师们在参加培训后,对无人机的原理、操控技术、应用场景等有了深入的了解。这使得他们在教学中能够更加自信地开展无人机相关的课程,从简单的无人机知识普及到复杂的无人机编程教学,都能够游刃有余。同时,教师们还能够将无人机项目与其他学科知识进行融合,如将无人机用于地理测绘教学中,让学生通过无人机拍摄的影像分析地形地貌等,拓宽了教学的视野和深度。

实践技能培训为教师们提供了大量的实践机会,使他们在实践中不断积累经验,提升自己的专业素养。通过参与科技创新项目,教师学会了如何从项目的构思、规划到实施的全过程管理,这是在理论学习中无法获得的能力。在科技竞赛中,教师们要应对各种突发情况,不断优化竞赛策略,这锻炼了他们的应变能力和解决问题的能力。在实践活动中,教师们与学生密切互动,了解学生的需求和兴趣点,这有助于他们更好地调整教学内容和方法,以适应学生的发展。

这种全方位的专业成长,使得教师在科技教育领域能够更加自信地应对各种挑战,不断提升自己的教学质量和效果,同时也为推动科技教育新范式的构建和发展奠定了坚实的人才基础。

(二) 提升教育教学能力

多元培训体系对教师教育教学能力的提升具有显著的作用。

在理解学生需求和特点方面,通过培训和实践相结合的方式,教师们有了更多的机会与学生进行深入互动。例如,在实践技能培训中的科技创新项目里,教师与学生共同参与项目,在这个过程中,教师可以近距离观察学生的学习态度、兴趣爱好、思维方式等。教师发现,不同学生在面对项目中的不同任务时表现出不同的优势和劣势,有些学生擅长理论分析,而有些学生在实践操作方面更为突出。这种深入的了解使教师能够根据学生的个体差异制定更加科学、合理的教学计划和方案。

在教学计划和方案的制定上,教师们能够运用在培训中学到的知识和技能,使教学内容更加系统和丰富。以项目专题培训中的机器人项目为例,教师在培训后,会将机器人项目融入常规的科技课程教学计划中。根据学生的年龄和学习水平,将机器人教学分为不同的阶段,如低年级学生以机器人的基本结构认知和简单操控为主,高年级学生则逐渐引入机器人编程和复杂任务执行等内容。同时,教师还会将机器人教学与其他学科知识进行有机结合,如在机器人编程教学中融入数学中的几何知识和逻辑思维训练,使教学内容更加综合化。

在教学方法和技巧方面,教师们通过培训掌握了更多的教学方法,并能够熟练运用到课堂教学中。例如,在技能通识培训中学习了合作学习方法后,教师会在课堂上组织学生进行小组合作学习。在机器人项目教学中,教师将学生分成若干小组,每个小组负责机器人的一部分的设计和制作,如有的小组负责机械结构设计,有的小组负责程序编写等。在这个过程中,教师会引导学生进行有效的分工合作,培养学生的团队协作能力。同时,教师还会运用多种教学技巧来提高课堂教学的互动性和趣味性。比如,在讲解机器人的原理时,教师会采用动画演示、实物展示等多种方式,让学生更加直观地理解抽象的知识。

在激发学生学习兴趣和积极性方面,教师们通过培训后,能够在教学中引入更多有趣的元素。例如,在参加了实践技能培训中的科技竞赛相关培训后,教师会在课堂上模拟竞赛场景,设置一些竞赛任务,让学生分组竞争完成。这种竞赛机制能够激发学生的好胜心和学习兴趣,使他们更加积极主动地参与学习。同时,教师还会将一些前沿的科技成果和有趣的科技故事融入教学中,如讲述太空探索中的最新发现、科学家的传奇故事等,让学生感受到科技的魅力,从而提高他们的学习积极性。

(三) 推动科技教育创新

多元培训体系的构建和实施为科技教育创新提供了有力的人才保障,成为推动科技教育不断创新和发展的重要动力。

教师们通过培训和实践不断提升自己的专业素养和教育教学能力,这使得他们在教学中具备了创新的能力和意识。例如,在技能通识培训中接触到新的教学理念和方法后,教师们会积极尝试将其应用到自己的课堂教学中,创造出独特的教学模式。一位教师在学习了问题导向学习方法后,将其与传统的讲授法相结合,在课堂上首先提出一个具有启发性的科技问题,然后引导学生通过自主学习和小组讨论来寻找答案,最后教师再进行总结和补充。这种创新的教学模式既发挥了教师的主导作用,又体现了学生的主体地位,提高了课堂教学的效果。

在项目专题培训中,教师们对特定领域的前沿技术和教学方法有了深入的了解,这为他们在教学中引入新的内容和形式提供了可能。以无人机项目为例,教师们在培训后,将无人机技术引入地理、环境科学等学科的教学中,创造出跨学科的教学案例。在地理教学中,利用无人机拍摄的高清影像,让学生更加直观地观察地形地貌、河流走向等地理特征,这不仅丰富了教学内容,还提高了学生的学习兴趣。

实践技能培训激发了教师们的创新精神和团队协作精神,使他们能够在实践中不断探索新的教学模式和方法。在科技创新项目中,教师们与学生一起面对各种挑战,为了实现项目目标,他们不得不尝试新的技术手段和教学策略。例如,在一个关于新能源汽车的创新项目中,教师们与学生一起探索如何利用虚拟现实技术来展示新能源汽车的内部结构和工作原理。这种创新的教学方式打破了传统教学的局限,为学生提供了更加丰富和生动的学习体验。

同时,教师们在培训过程中与同行之间的交流和合作也促进了科技教育创新的传播和推广。在培训中的小组讨论、案例分析等环节,教师们可以分享各自的创新经验和做法,相互学习和借鉴。例如,一位教师在参加培训时分享了自己在机器人教学中利用游戏化教学方法提高学生学习兴趣的经验,其他教师听后受到启发,纷纷在自己的教学中尝试这种方法。这种创新经验的交流和传播,使得科技教育创新在整个区域内得到了快速的发展,推动了科技教育不断创新和发展。

第三节 师资引领教育革新

一、教师在课程开发、教学实践创新中的成果

(一)课程开发成果

虹口区科技教师在课程开发领域成果斐然,这背后是他们对科技教育发展趋势的敏锐洞察以及对学生实际需求的深度考量。

在当今科技飞速发展的时代,科技教育的内涵和外延不断拓展。虹口区的科技教师们积极顺应这一潮流,将目光投向多个前沿科技领域,致力于开发出符合时代需求的课程。以人工智能领域为例,教师们认识到人工智能技术正在深刻改变人们的生活和社会的发展模式,因此在"机器人,开启智能未来"这一课程开发中,精心设计了从基础的人工智能概念认知到简单编程实践的内容体系。在课程初期,教师们通过生动有趣的视频、实例,向学生介绍人工智能在日常生活中的应用,如智能语音助手、图像识别系统等,让学生初步建立起对人工智能的直观认识。接着,引导学生了解人工智能背后的基本算法原理,如机器学习中的分类算法、回归算法等,采用深入浅出的方式,将复杂的算法概念转化为学生易于理解的图形、故事等形式。在课程的实践环节,学生们可以使用简单的编程工具,如 Scratch 的人工智能扩展模块或者 Python 的基础编程框架,来创建自己的小型人工智能应用,如简单的图像分类器或者语音交互小程序。

在机器人课程方面,除了教授机器人的机械结构、电子元件等基础知识外,教师们还着重强调机器人在不同场景下的任务规划和执行逻辑。例如,在课程中设置了模拟救援场景,要求学生设计机器人的救援路径和操作流程,这不仅考验学生对机器人操控技术的掌握,还锻炼了他们的逻辑思维和问题解决能力。对于"梦工厂——创意生物实验室"课程,教师们深入挖掘生物实验的趣味性和创新性。课程内容不再局限于传统的生物实验操作,而是将生物技术与创意设计相结合。比如,教师引导学生设计并制作具有特殊功能的生物模型,像能够模拟光合作用的人造叶绿体模型,或者可以进行简单生物传感的微生物传感器模型。在这个过程中,学生需要运用生物学知识进行材料选择、结构设计,同时还要借助工程学思维来实现模型的构建和功能测试。

这些课程的开发并非一蹴而就。教师们在此过程中充分借鉴了国内外先进的科技教育理念和资源,他们参加各种科技教育研讨会、培训课程,与其他地区的教育工作者交流

经验,获取灵感。同时,还积极与高校、科研机构合作,邀请专家参与课程的设计和审核,确保课程内容的科学性和前沿性。这些课程的推出,极大地丰富了学生的科技学习内容,不再局限于传统课本中的简单知识,而是接触到了与现实生活和前沿科技紧密相连的实用知识和技能。这不仅拓宽了学生的科技视野,还激发了他们深入探索科技奥秘的兴趣和创新精神,为学生在科技领域的后续学习和发展奠定了坚实的基础。

(二) 教学实践创新成果

虹口区科技教师在教学实践创新方面同样取得了令人瞩目的成绩。他们积极打破传统教学模式的束缚,勇于尝试新的教学理念和方法,以提升教学质量和效果。

在教学模式创新方面,项目化学习和探究性学习成为教师们的重要选择。以项目化学习为例,教师们精心设计各种科技项目,每个项目都围绕一个具体的、具有实际意义的问题或目标展开。例如,在一个关于"城市绿色交通解决方案"的项目中,教师将学生分成若干小组,每个小组分别承担不同的任务,如交通数据收集组、新能源交通工具研发组、交通规划优化组等。学生们需要像真正的科研团队或工程师一样,从问题定义开始,进行资料收集、方案设计、模型制作、测试评估等一系列完整的工作流程。在这个过程中,学生不仅要掌握相关的科技知识,如新能源技术、交通工程原理等,还要锻炼团队协作能力、沟通能力和项目管理能力。教师在这个过程中扮演着项目导师的角色,引导学生制订合理的项目计划,提供必要的知识支持和技术指导,同时鼓励学生在遇到困难时自主探索解决方案。

探究性学习模式则侧重于培养学生的自主探究能力。教师会提出一些具有开放性和挑战性的科技问题,如"如何利用可再生能源实现家庭能源自给自足"。学生们根据自己的兴趣和能力,选择不同的探究方向,如太阳能利用、风能利用或者多种能源的混合利用等。他们通过查阅资料、设计实验、分析数据等方式,逐步深入探究问题的答案。教师会为学生提供必要的探究资源,如实验室设备、网络数据库访问权限等,并在探究过程中适时进行引导和启发,帮助学生梳理探究思路,避免走入误区。

在教学方法创新方面,教师们注重将科技教育与现实生活相结合,通过组织丰富多彩的科技实践活动和参加各类科技竞赛来提升学生的科技素养和创新能力。在科技实践活动方面,教师们组织学生开展了形式多样的活动。例如,开展"科技进社区"活动,学生们将自己所学的科技知识和制作的科技作品带到社区,向居民展示和讲解,如智能垃圾分类系统、简易家庭安防装置等。这不仅让学生感受到科技知识的实用价值,还提高了他们的社会责任感和沟通能力。另外,教师还组织学生进行户外科技考察活动,如到自然保护区观察生态系统中的科技应用,或者到科技企业参观现代化的生产流程。这些活动让学生亲身体验到科技在不同领域的广泛应用,拓宽了他们的科技视野。

参加科技竞赛也是教师们提升学生科技素养和创新能力的重要手段。虹口区的科技教师积极组织学生参加各类科技竞赛,如机器人竞赛、科技创新大赛、青少年科学影像节等。在竞赛准备过程中,教师针对竞赛的规则和要求,对学生进行有针对性地培训。例如,在机器人竞赛中,教师要帮助学生分析竞赛任务,优化机器人的设计和编程,提高机器人的性能和稳定性。同时,竞赛还为学生提供了一个与其他地区优秀学生交流和竞争的平台,让他们能够学习到其他学生的创新思维和优秀经验。通过这些教学实践创新,学生们在科技知识的掌握、实践能力的提升以及创新思维的培养等方面都取得了显著的进步。

二、师资队伍建设对推动科技教育新范式发展的作用

(一) 引领科技教育发展方向

虹口区的科技教师队伍犹如科技教育海洋中的灯塔,积极引领着科技教育的发展方向。他们通过持续不断地探索新的课程内容、教学模式和方法,为科技教育注入源源不断的活力与动力。

在教学模式和方法的创新方面,教师们的探索具有前瞻性。例如,随着互联网技术的普及和在线教育平台的发展,教师们开始尝试混合式教学模式。他们将线上学习资源与线下课堂教学相结合,利用线上平台提供丰富的学习资料,如视频教程、在线测试、虚拟实验室等,让学生在课外可以自主学习和预习。线下课堂则更加注重互动和实践,教师可以针对学生在线上学习过程中遇到的问题进行集中解答,组织学生进行小组讨论、实验操作等活动。这种教学模式突破了传统教学时间和空间的限制,提高了教学效率和学生的学习积极性。

同时,教师们能够紧密结合学生的实际需求和社会的发展趋势,为科技教育提供科学合理的指导和支持。他们深知不同年龄段、不同学习能力的学生对科技教育有着不同的需求。对于小学生,教师们会设计更多趣味性强、操作简单的科技活动和课程内容,如纸飞机飞行原理探究、简易太阳能风扇制作等,以培养他们对科技的初步兴趣。对于中学生,则会逐渐引入一些具有一定深度和挑战性的内容,如基因编辑技术的伦理探讨、人工智能算法优化等。在社会发展趋势方面,教师们考虑到未来社会对创新型、复合型人才的需求,在教学中注重培养学生的跨学科思维能力和创新实践能力。例如,在科技课程中融入艺术、人文等元素,引导学生从多个角度思考科技问题,培养他们的综合素养。

(二) 推动科技教育创新发展

虹口区的科技教师队伍在推动科技教育创新发展进程中扮演着至关重要的角色。他们积极参与课程开发、教学实践创新等活动,不断挖掘新的科技教育路径和模式,从而丰富科技教育的内容和形式,提升教育质量和效果。

在课程开发方面,教师的创新思维为科技教育带来了全新的课程体系。除了前面提到的人工智能、机器人、生物实验等课程外,教师还在不断探索其他新兴领域的课程开发。例如,随着脑机接口技术的发展,教师们开始研究开发与脑机接口相关的科普课程。这一课程将涉及脑科学基础知识、信号采集与处理技术、人机交互原理等内容。教师通过设计一些简单的脑机接口实验,如利用脑电波控制简单的电子设备开关,让学生体验脑机接口

技术的神奇之处。这种创新的课程开发不仅拓宽了科技教育的知识领域,还为学生打开了一扇了解前沿科技的新窗口。

在教学实践创新方面,教师不断尝试新的教学策略。例如,在虚拟现实(VR)和增强现实(AR)技术逐渐普及的背景下,教师开始将这些技术应用于教学实践中。在物理课程的力学部分教学中,利用VR技术创建虚拟的物理实验场景,学生可以身临其境地感受物体在不同力的作用下的运动状态,更加直观地理解力学原理。在历史课程的古建筑学习中,运用AR技术将古代建筑的复原模型叠加到现实场景中,让学生仿佛穿越时空,近距离观察古建筑的结构和细节。这种创新的教学实践利用现代技术手段为学生提供了更加生动、真实的学习体验,大大提高了学生的学习兴趣和参与度。

教师还将创新成果积极应用于实际教学,为学生提供更优质高效的科技教育服务。例如,一位教师在开发了基于项目化学习的创新课程后,通过详细的教学评估和反馈机制,不断优化课程内容和教学流程。在教学过程中,教师根据学生的项目完成情况、知识掌握程度等指标,及时调整教学进度和教学方法。对于学生在项目中遇到的共性问题,教师会组织专门的讲解和辅导课程;对于个别学生的特殊问题,则进行一对一的指导。这种以学生为中心的教学服务理念,充分体现了创新成果在实际教学中的应用价值,使得科技教育能够更好地满足学生的学习需求,提高教育教学的质量和效果。

(三) 培养未来创新人才

虹口区的科技教师队伍在培养未来创新人才方面发挥着不可替代的关键作用。他们通过为学生提供丰富的科技学习资源和多样化的实践活动机会,全方位激发学生的创新精神和创造力。

在提供科技学习资源方面,教师们不遗余力。除了开发丰富的课程内容外,教师们还积极整合各种外部资源,他们与高校、科研机构建立合作关系,为学生争取到参观实验室、参与科研项目的机会。例如,与某高校的生物实验室合作,组织学生参观基因编辑实验流程,让学生亲身体验前沿的生物技术研究过程。同时,教师们还充分利用网络资源,筛选并推荐优质的科技学习网站、在线课程平台等给学生。这些网络资源涵盖了从基础科学知识到高端前沿科技的各个领域,满足了不同层次学生的学习需求。

在实践活动机会方面,教师们组织的活动丰富多彩。除了前面提到的科技竞赛、社区活动、户外考察等,教师们还会根据学生的兴趣和特长,开展个性化的实践活动。例如,对于对航空航天感兴趣的学生,组织航空模型制作与飞行比赛活动。在活动中,学生们需要自己设计、制作航空模型,并进行飞行性能调试。这一过程不仅考验学生的动手能力,还需要他们运用空气动力学等相关知识进行优化设计。对于喜欢编程的学生,教师们组织编程马拉松活动,在规定的时间内,学生们需要完成一个具有一定功能的编程项目,如开发一个小型的在线游戏或者一个智能日程管理软件。这种个性化的实践活动能够充分发挥学生的兴趣和特长,激发他们的创新潜能。

教师们还能够根据学生的兴趣和特长进行个性化指导,助力学生发挥自身优势和潜能。例如,在一个科技创新项目中,一位学生对环保材料的研发表现出浓厚的兴趣,但在实验设计和数据分析方面遇到了困难。教师发现后,根据该学生的情况,为他提供了相关的学习资料,如环保材料的性能测试方法、实验数据统计分析的书籍和文章等,并进行一对一的辅导。教师从实验变量的控制、实验样本的选取到数据的处理和分析,一步步引导学生完善实验方案。在教师的精心指导下,学生成功地完成了环保材料的研发项目,并在相关的科技竞赛中获得了优异成绩。在教师的悉心培育下,越来越多的学生在科技领域崭露头角,无论是在各类科技竞赛中获奖,还是在科技创新项目中取得重要成果,这些成绩都为他们未来在科技领域的发展奠定了坚实的基础,也证明了虹口区科技教师队伍在培养创新人才方面的卓越贡献。

综上所述,师资培育是强化科技教育新范式动力的重要途径。通过构建多元培训体系、促进教师专业成长和教育教学能力提升、引领教育革新等方式,可以不断提升科技教师队伍的整体素质和能力水平。这将为科技教育新范式的构建和发展提供有力的人才保障和支持,推动科技教育不断创新和发展,培养更多具有创新精神和实践能力的未来创新型人才。

第六章
成果彰显，检验新范式成效

第一节　学生成就斐然

在探索与实践科技教育新范式的进程中，学生的成长轨迹和所取得的成果犹如一面镜子，最直观地反映出这一范式的成效。近年来，虹口区在科技教育领域大刀阔斧地推行一系列创新举措，不仅极大丰富了学生参与科技活动的体验，而且在各类科技竞赛和科研项目方面收获了累累硕果，全面且充分地展现出在新范式下学生能力与素养的全方位提升。

一、竞赛成绩斐然，彰显学生创新能力

虹口区的学生在各级各类科技竞赛中的卓越表现，确凿无疑地证明了在新范式下学生创新能力的突飞猛进。以虹口区青少年活动中心科技实践中心为例，在过去的五年间，该中心指导的学生在国际、国内的各类科技竞赛中大放异彩，共斩获国际奖项123项、全国奖项247项、市级奖项5050项。这些数字背后所蕴含的，是学生们无限的创新精神及卓越的实践能力的集中体现。

以2023年的青少年科技创新大赛为例，虹口师生在市级比赛中的表现堪称亮眼。详细的数据显示，虹口区共提交了552个项目参与角逐，其中青少年创新成果类项目达到461个，与上一年相比增长幅度高达24%。在虹口区青少年活动中心科技部教师精心的组织与悉心辅导之下，虹口区在此次大赛中共荣获一等奖31项、二等奖79项、三等奖139项、专项奖82项，虹口区青少年活动中心也因此荣获优秀组织单位的称号。这样的成绩不仅仅是数字的堆砌，更深刻地反映出学生在科技创新领域所潜藏的巨大潜力以及他们已经具备的强劲能力，同时也将虹口区在科技教育方面所拥有的雄厚实力展现得淋漓尽致。

除此之外,在诸如环球自然日、明日科技之星、DI创新思维竞赛等具有广泛知名度和影响力的品牌赛事中,虹口区的学生同样凭借自身的实力屡创佳绩。例如,在2023年的DI创新思维竞赛里,虹口区派出的多支参赛队伍一路过关斩将,在全球总决赛中成功斩获多个奖项。这些成绩的取得,固然离不开学生们自身夜以继日的辛勤付出及教师们专业且精心的指导,但更重要的是,它离不开虹口区科技教育新范式的科学规划与有效施行。

在每一个竞赛项目背后,都蕴含着学生们无数次的尝试与探索。以青少年科技创新大赛中的某个项目为例,学生们为了设计一款能够提高能源利用效率的新型装置,需要从多个学科领域获取知识。他们首先要对物理学中的能量守恒定律、工程学中的机械结构设计原理及材料学中的新型材料特性有深入的理解。在创新设计阶段,学生们脑洞大开,提出了各种新奇的想法,如利用特殊的光学材料来聚集太阳能,或者通过巧妙的机械结构将风能和水能进行协同转化。在制作实物模型时,他们需要亲自动手操作各种工具,从简单的手工制作到使用先进的3D打印技术,学习调整和优化模型的结构和性能。在这一过程中,学生们要克服诸如材料选择不当、结构设计不合理及制作工艺不完善等诸多问题,每一次解决问题的过程都是对他们创新能力和实践能力的磨砺。

而在DI创新思维竞赛中,学生们面临的挑战更为复杂多样。这一竞赛强调团队协作、即时创新和问题解决能力。虹口区的参赛队伍在准备过程中,需要针对不同的竞赛题目迅速构思出独特的解决方案。例如,在一道关于"城市可持续发展"的题目下,学生们需要构建一个包含交通、能源、居住等多个方面的虚拟城市模型。他们要考虑如何将绿色能源融入城市的能源供应体系,如何设计高效的公共交通网络以减少碳排放,以及如何利用智能科技打造宜居的环境。在这个过程中,团队成员们需要分工明确,有的负责创意构思,有的负责资料收集,有的负责模型制作。每个成员都要充分发挥自己的特长,同时又要与其他成员密切配合。在全球总决赛的舞台上,虹口区的学生们能够凭借自己扎实的知识储备、敏捷的创新思维和良好的团队协作精神,在众多竞争对手中脱颖而出,这充分彰显了他们在新范式下培养起来的卓越创新能力。

二、科研成果丰硕,提升学生综合素养

除了在竞赛领域取得的优异成绩外,学生们在科研方面所取得的成果同样是检验科技教育新范式成效的关键指标。在虹口区科技教育新范式的引领之下,越来越多的学生受到鼓舞,积极投身到科研活动之中,通过自己的亲身体验去揭开科学世界的神秘面纱。

以"虹口复兴号"卫星冠名项目为例,其宛如一把神奇的钥匙,为学生们开启了一扇通往卫星技术领域的大门,极大地激发了他们对航天科技的浓厚兴趣和满腔热情。在教师的专业指导下,学生们热情高涨地参与到卫星的研发和实验的各个环节之中。他们从最基础的卫星原理学习开始,逐步深入卫星部件的设计、制造及测试等更为复杂的环节。在

卫星研发过程中，学生们需要运用到多学科的知识，如物理学中的轨道力学、电子学中的电路设计以及计算机科学中的编程技术等。他们在进行卫星的结构设计时，要考虑到如何在保证卫星强度的前提下减轻重量，这就需要对材料力学有深入的研究。在设计卫星的通信系统时，要掌握无线电通信原理以及信号编码和解码技术。在这个过程中，学生们的动手能力得到了前所未有的提高，他们亲自操作各种精密仪器，进行卫星部件的组装和调试。同时，他们的思维能力也在不断解决问题的过程中得到提升，从最初的按照既定方案操作，到后来能够根据实际情况提出自己的改进意见。此外，团队协作能力也在项目中得到了显著的加强，因为卫星研发是一个庞大且复杂的系统工程，每个成员都承担着不同的任务，只有大家齐心协力，才能确保卫星项目的顺利推进。

虹口区还积极地推动学生参与各类科研项目和课题研究之中。例如，在"明日科技之星"评选活动中，众多学生凭借自己在科研项目和课题研究中所取得的成果成功入选。这些项目所涉及的领域极为广泛，涵盖了科技创新、环境保护、生物科学等多个领域。在一个关于环境保护的科研项目中，学生们聚焦于城市河流污染治理问题。他们首先要对河流污染的现状进行详细的调查，这就需要运用到环境科学中的采样技术和分析方法，通过对河流不同地段的水样进行采集，并分析其中的污染物成分和含量。然后，学生们要提出切实可行的治理方案，这可能涉及化学中的污水处理技术、生物学中的生态修复方法以及工程学中的水利设施设计等多方面的知识。有的学生提出利用微生物降解污染物的方法，为此他们需要筛选出具有高效降解能力的微生物菌株，并研究其生长条件和降解机制。还有的学生考虑从工程角度出发，设计一种新型的生态浮岛，通过合理布局植物和微生物群落来净化河水。在这个过程中，学生们不仅深入学习了科学知识，更重要的是培养了严谨的科学精神和扎实的科研素养。他们学会了如何提出科学问题、如何设计研究方案、如何进行实验操作以及如何分析和解释数据，这些宝贵的经验为他们未来在更高层次的学习和科研工作中奠定了坚实的基础。

三、提升能力素养，助力学生全面发展

在科技教育新范式的精心引领下，虹口区的学生在能力和素养方面实现了全面的提升。他们不仅牢牢掌握了扎实的科学知识和熟练的实验技能，而且在创新思维、团队协作及解决问题等能力方面也得到了极大的培养。这种全方位的能力和素养提升，不仅对学生在科技竞赛和科研项目中取得优异成绩起到了重要的推动作用，更为他们在未来的学习和生活中从容应对各种复杂挑战提供了有力的保障。

以虹口区青少年科学院虹口分院为例，该分院犹如一个充满活力的成长摇篮，通过组织一系列丰富多彩的科研活动和实践项目，为学生们开辟了一片广阔无垠的成长空间和发展平台。在分院的悉心培育下，众多学生如同茁壮成长的幼苗，逐渐成长为具备深厚科学素养和强大创新能力的优秀青少年。他们在各类科技竞赛中披荆斩棘，屡获佳绩，在科

研项目中也不断取得令人瞩目的成果。这些成绩的取得,不仅仅是对学生个人能力的一种高度肯定,更是对虹口区科技教育新范式所取得成效的有力检验。

在分院的日常科研活动中,学生们会参与到各种具有挑战性的项目中。例如,在一个关于新型智能材料的研究项目中,学生们需要先深入学习材料科学的基础知识,了解不同类型材料的结构和性能特点。然后,他们要运用创新思维去设想一种具有特殊功能的智能材料,比如能够根据环境温度和湿度自动调节形状或性能的材料。在这个过程中,学生们要打破传统思维的束缚,从不同的学科角度去思考问题。确定研究方向后,他们要制订详细的研究计划,包括材料的合成方法、性能测试手段等。这需要团队成员之间进行充分的沟通和协作,因为每个成员可能擅长不同的领域,有的擅长化学合成,有的擅长物理性能测试,有的擅长数据分析。在项目实施过程中,他们会遇到各种各样的问题,如材料合成过程中的反应条件难以控制、性能测试结果与预期不符等。面对这些问题,学生们需要运用自己所学到的知识和积累的经验,通过查阅资料、请教专家等方式,努力寻找解决方案,这使他们解决问题的能力得到了极大的提高。同时,在与团队成员共同克服困难的过程中,他们的团队协作能力也得到了进一步增强。通过参与这样的科研项目,学生们的综合能力和素养得到了全面的提升,为他们未来的发展奠定了坚实的基础。

综上所述,虹口区在科技教育新范式的有力引领下,凭借一系列充满创新的举措和积极的实践探索,取得了令人瞩目的成效。学生们在竞赛成绩、科研成果以及能力素养等方面的全面提升,无可辩驳地证明了新范式在培育学生创新精神和实践能力方面的高效性。展望未来,虹口区将坚定不移地继续深化科技教育改革,积极探索区域青少年科技教育实现高质量、高品质发展的崭新路径和创新模式,为培养更多具备科学素养和创新能力的未来人才贡献自己的力量。

第二节　学校品牌跃升

在当今教育发展的浪潮中,科技教育新范式犹如一股强劲的东风,有力地推动着虹口区各学校在科技教育特色发展与品牌建设的征程上大步迈进。这一范式带来的成果犹如璀璨星辰,在提升学校整体办学水平和社会影响力的浩瀚星空中熠熠生辉,并且以强大的能量对区域教育的发展产生着积极而广泛的辐射带动作用。

一、科技教育特色鲜明,学校品牌影响力增强

近年来,虹口区的各所学校以敏锐的教育洞察力,积极响应科技教育新范式的召唤。每所学校都深入剖析自身的实际情况,包括学校的师资力量、学生的兴趣倾向、所处的社区环境以及已有的教育资源等,同时紧密结合学校的长远发展需求,踊跃地开展科技教育

特色项目的开发与实施。这一过程犹如一场精心策划的教育变革之旅,充满了创新与探索的激情。

以虹口区青少年活动中心科技实践中心为例,这个中心在科技教育领域发挥着中流砥柱的作用。它就像一个资源的整合大师,精心整合校内外优质科技教育资源。在校内,它深入挖掘学校内部的教师潜力,鼓励那些在科技领域有专长的教师积极参与科技教育项目,为他们提供专业发展的平台,使他们能够将自己的知识和技能传授给学生。同时,学校也加大对科技教育设备的投入,建立起现代化的实验室、科技活动室等。在校外,中心积极与科技企业、科研机构、高校等建立合作关系。例如,与当地的科技企业合作,让学生有机会参观企业的生产车间,了解前沿的科技产品从研发到生产的全过程;与科研机构合作,邀请专家学者走进校园,举办科普讲座,介绍最新的科研成果和科技发展趋势;与高校合作,开展科技教育师资培训项目,提升教师的科技素养和教学能力。

通过这样全方位的资源整合,该中心构建了一个功能强大的综合性科技教育平台,这个平台涵盖了科普教育、科技竞赛、科研实践等多个重要板块。科普教育板块犹如一扇通向科学世界的大门,通过举办科普展览、科普讲座、科普影片放映等丰富多彩的活动,向学生们展示科学的奇妙之处。科技竞赛板块则像一个激烈的战场,激发学生的竞争意识和创新能力,让他们在机器人竞赛、科技创新大赛等赛事中一展身手。科研实践板块为那些对科学研究有浓厚兴趣的学生提供了深入探索的机会,他们可以参与实际的科研项目,像小科学家一样进行实验、观察、分析数据等。

在中心的积极引领下,虹口区各学校如同繁星闪烁,纷纷积极投入各类科技活动和实践项目中,逐渐形成了各自独特而鲜明的科技教育特色。

例如,某中学以机器人教育为特色项目,这一项目的开展并非一蹴而就。学校在初期进行了大量的市场调研,发现机器人教育在培养学生的逻辑思维、编程能力和动手操作能力方面有着独特的优势。于是,学校管理层果断决策,大力引进先进的教学设备,包括各种类型的机器人套件、编程软件以及相关的模拟实验设备等。同时,在师资力量的打造上不遗余力,一方面从外部聘请具有丰富机器人教学经验的教师;另一方面组织校内教师参加专业培训,鼓励他们取得相关的资格认证。在课程设置方面,学校构建了一套系统的机器人教育课程体系,从基础的机器人原理学习,到简单的编程操作,再到复杂的机器人任务挑战,逐步提升学生的能力。在教学方法上,采用项目式学习法,让学生以小组为单位,完成特定的机器人任务,如设计一个能够完成特定任务(如搬运物品、避障导航等)的机器人。通过这样的培养方式,学校成功地造就了一大批具备机器人编程和操作能力的优秀学生。这些学生在各种机器人竞赛中屡获佳绩,他们的作品也常常成为学校对外展示的亮点,吸引了众多兄弟学校前来观摩学习,极大地提升了学校的品牌影响力。

某小学则独辟蹊径,以环保科技为主题开展特色教育。学校从周边的环境问题入手,引导学生关注环境保护。在实践活动方面,学校组织学生开展垃圾分类宣传活动,让学生们深入社区,向居民讲解垃圾分类的知识和意义,制作精美的宣传手册,设计有趣的垃圾分类小游戏,提高居民对垃圾分类的认知度和参与度。在课题研究方面,学校鼓励学生开展关于校园环境微生态的研究,学生们在教师的指导下,对校园内的土壤、水体、植物等进行调查和分析,研究如何通过改善校园环境来促进生物多样性。例如,学生们发现校园内的一个小池塘水质受到污染,于是他们通过查阅资料、请教专家,提出了一系列改善水质的方案,如种植水生植物净化水体、引入微生物分解污染物等。通过这一系列实践活动和课题研究,学生们的环保意识显著提高,他们不仅在日常生活中养成了良好的环保习惯,还能够运用所学知识解决实际的环境问题,学校的环保科技特色也逐渐深入人心,提升了学校在社会上的知名度和美誉度。

随着各学校科技教育特色的日益鲜明,品牌影响力不断增强,虹口区各学校在区域教育中的地位和作用如同初升的太阳,日益凸显。越来越多的学校开始认识到科技教育对于提升办学水平和增强社会影响力的重要性。于是,他们积极投入探索和实践科技教育的新模式和新方法的浪潮中。这些先行一步的学校就像航海中的灯塔,它们的成功经验和做法为其他学校提供了清晰而有益的借鉴和启示。例如,一些学校看到以机器人教育为特色的学校在培养学生创新能力方面的显著成效后,也开始尝试引入机器人教育元素;看到以环保科技为主题的学校在提升学生社会责任感方面的积极影响,也开始注重在教育教学中融入环保教育内容。这种示范效应如同涟漪一般,在虹口区的教育领域不断扩散开来。

二、品牌建设成果丰硕,区域教育辐射带动作用显著

在科技教育特色发展与品牌建设的强劲推动下,虹口区各学校在区域教育中的辐射带动作用如同光芒四射的灯塔,日益显著。各学校通过精心策划和实施一系列品牌活动和项目,不仅实现了自身办学水平和品牌影响力的提升,更积极发挥示范引领作用,如同春风化雨般推动着区域教育的整体发展。

以虹口区青少年科技节为例,这个活动犹如一颗耀眼的明珠,镶嵌在虹口区科技教育的皇冠之上,是虹口区科技教育的品牌项目之一。自举办以来,它就像一块强大的磁石,始终吸引着广大师生的注意并积极参与。

科技节的活动内容丰富多彩,犹如一场盛大的科技嘉年华。在科技知识普及方面,举办各类科普展览是其中的重要环节。这些展览主题多样,涵盖了物理、化学、生物、天文、地理等多个学科领域。例如,在一次以"探索宇宙奥秘"为主题的科普展览中,通过展示宇宙的形成、星系的演化、恒星的生命周期等内容,利用精美的图片、逼真的模型以及生动的多媒体展示,让学生们仿佛置身于浩瀚的宇宙之中,感受到宇宙的神秘与伟大。同时,科

普讲座也是不可或缺的一部分,邀请来自天文馆、科研机构的专家学者为学生们深入浅出地讲解宇宙探索的最新成果,如引力波的发现、系外行星的探测等。此外,还有科普影片放映活动,选择一些具有科学教育意义的影片,如《星际穿越》《火星救援》等,让学生们在欣赏影片的同时,学习到其中蕴含的科学知识,如黑洞的原理、火星的环境特点等。

科技竞赛项目更是科技节的重头戏,它激发了学生们的竞争意识和创新精神。例如机器人竞赛,这是一个充满挑战和创新的项目,参赛学生们需要设计和制作自己的机器人,编写程序让机器人完成特定的任务,如在模拟的火星环境中进行资源采集和运输。在这个过程中,学生们要运用到机械原理、电子电路、编程算法等多方面的知识,他们需要不断地调试机器人的结构和程序,以提高机器人的性能和任务完成效率。科技创新大赛则鼓励学生们发挥自己的想象力和创造力,提出解决实际问题的创新方案。有的学生设计了一种基于太阳能的智能灌溉系统,用于解决干旱地区的农业灌溉问题;有的学生发明了一种利用人体热能发电的可穿戴设备,为移动电子设备提供能源。这些创新方案不仅展示了学生们的聪明才智,还体现了他们对社会和环境问题的关注。

同时,虹口区青少年科技节还具有独特的开放性和互动性。它积极邀请区域内外的专家学者和企业代表参与其中,这一举措如同打开了一扇通向外界的窗户,为师生提供了与业界精英交流互动的宝贵机会。专家学者们带来的不仅仅是最新的科研成果和前沿的科技动态,更重要的是他们的科学思维方式和研究方法。例如,一位来自高校的生物学教授在科技节上分享了他在基因编辑技术方面的研究成果,他详细介绍了基因编辑技术的原理、应用前景以及可能面临的伦理问题。这不仅让学生们了解到这一前沿技术,也引发了他们对科学伦理的深入思考。企业代表们则从市场需求和工程实践的角度出发,为学生们展示了科技成果转化的实际过程。一家科技企业的工程师介绍了他们公司一款智能健康手环的研发过程,包括从最初的市场调研,确定产品功能需求,到技术研发、测试、优化,再到最后的产品推广和营销。这让学生们明白,科技创新不仅仅是实验室里的研究,更要考虑到市场需求和社会价值。这些交流互动活动进一步拓宽了师生的视野和思路,让他们站在了更高的角度看待科技教育和科技创新。

诸如虹口区青少年科技节这类活动的成功举办,如同在区域教育的花园里种下了一棵茁壮生长的大树,它的树荫覆盖了整个区域的教育领域。它不仅提升了虹口区科技教育的整体水平和影响力,还像一盏明灯,积极发挥着示范引领作用。其他学校看到科技节的成功模式后,纷纷效仿,开始举办自己的校园科技节或者科技活动周。在活动内容上,也借鉴科技节的科普展览、科技竞赛等形式,结合自身学校的特点进行创新。例如,一些学校在举办校园科技节时,增加了具有本校特色的科技项目,如某艺术特色学校在科技节中融入了科技与艺术相结合的项目,学生们利用科技手段创作艺术作品,如3D打印雕塑、激光雕刻绘画等。

此外,虹口区各学校还积极开展校际交流与合作,这种合作如同紧密交织的纽带,将各学校连接成一个充满活力的教育共同体,通过资源共享、优势互补等方式,共同推动区域教育的发展。

例如,某中学与某高校开展的科技创新项目研究合作,就是一个典型的成功案例。高校在科技研发方面具有雄厚的实力,拥有先进的实验室设备、前沿的科研技术以及众多高水平的专家学者。中学则有着丰富的学生资源,这些学生充满好奇心和创造力,对新鲜事物有着强烈的求知欲。双方的合作犹如一场优势互补的联姻。中学借助高校的先进技术和人才资源,提升了自己的科研水平和创新能力;高校的专家学者走进中学课堂,为学生们开设专业的科技讲座,介绍高校的科研方向和前沿成果,激发学生们对科学研究的兴趣。同时,高校为中学提供实验室设备的使用权限,让中学生有机会在高校的实验室进行实验操作,感受严谨的科研氛围。中学教师也与高校的科研人员共同指导学生开展科技创新项目研究。例如,在一个关于新型材料性能研究的项目中,高校科研人员提供理论指导和技术支持,中学教师则负责组织学生进行实验操作和数据收集。学生们在这个过程中不仅学到了专业的科学知识,还培养了科研素养和团队协作精神。

某小学与区域内其他学校共同开展的环保科技实践活动也取得了显著的成果。在这个合作项目中,各学校的学生们围绕环保主题开展了一系列丰富多彩的活动。在课题研究方面,他们联合开展了关于区域内河流生态系统保护的课题研究。学生们来自不同学校,具有不同的知识背景和思维方式,他们通过互相交流、合作,从多个角度对河流生态系统进行研究。有的学生从生物学的角度研究河流中的鱼类、水生植物等生物多样性;有的学生从化学的角度分析河流水质的污染成分和污染源;有的学生从工程学的角度探讨如何构建有效的河流生态修复工程。在社会实践活动方面,他们共同组织了河流保护志愿者行动,学生们沿着河流两岸进行垃圾清理、水质监测等活动,并向周边居民宣传河流保护的重要性。这样的合作与交流,不仅促进了学校之间的资源共享和优势互补,如各学校共享环保教育资料、环保实验设备等,还推动了区域教育的整体进步和发展。学生们的环保意识得到了普遍提高,他们学会了从更宏观的角度看待环境问题,并且在团队协作中培养了人际交往能力和社会责任感。

虹口区各学校在科技教育新范式下,通过特色发展与品牌建设,无论是在提升自身办学水平还是在辐射带动区域教育发展方面,都取得了丰硕的成果。这一成果不仅为虹口区的教育事业注入了强大的活力,也为其他地区的教育发展提供了值得借鉴的宝贵经验。在未来的发展道路上,虹口区的学校将继续秉持科技教育的理念,不断探索创新,为培养更多具有创新精神和实践能力的学生,推动区域教育向更高质量、更具特色的方向发展而努力奋斗。

第三节　社会广泛认可

当今教育发展的大格局下,虹口区在科技教育新范式的有力引领下,犹如一颗闪耀的新星,在教育领域绽放出独特的光芒。其取得的显著成效如同磁石一般,不仅深深吸引了广大中小学师生的积极参与,更是博得了社会各界广泛的认可与赞誉。这一系列的认可就像坚实的基石,稳稳地奠定了虹口区未来科技教育持续发展的道路,展现出无限的潜力与希望。

一、媒体报道频繁,提升区域教育知名度

近年来,虹口区在科技教育方面所展现出的卓越成果,就像一座蕴含无尽宝藏的富矿,吸引了媒体敏锐的目光。众多主流媒体如同寻宝者,纷纷涌向虹口区,对这里的科技教育活动进行深入细致的报道和宣传,进而让虹口区的区域教育知名度和影响力如同火箭升空般节节攀升。

以2023年的虹口区科技节为例,这个作为虹口区科技教育的王牌品牌项目,宛如一场盛大的科技盛宴,散发着难以抵挡的魅力,吸引了众多媒体的聚焦和报道。在活动期间,多家主流媒体犹如一群技艺精湛的记录者,对活动进行了全方位的现场采访和直播报道。记者们扛着摄像机,拿着话筒,穿梭在科技节的各个角落。他们深入科普展览区,那里陈列着学生们精心制作的各种科技作品,从精巧的机器人模型到充满创意的环保发明,每一个作品背后都蕴含着学生们对科技的热爱和独特的思考。记者们用镜头捕捉着这些作品的细节,向广大观众展示着虹口区科技教育结出的丰硕果实。

在科技竞赛区,激烈的比赛正在进行着。学生们全神贯注地操控着机器人,或是紧张地进行科技创新方案的演示。媒体的镜头将这些精彩瞬间定格,向外界传递着虹口区学生在科技领域的拼搏精神和无限创意。直播报道则像一扇打开的窗户,让更多无法亲临现场的观众能够实时感受到科技节的热烈氛围和独特魅力。这些报道如同一张张精美的名片,让更多人深入了解到虹口区科技教育的特色和优势。无论是其多元化的科技教育项目,还是注重培养学生创新能力和实践能力的教育理念,都通过媒体的报道展现在大众面前。这无疑进一步提升了虹口区区域教育的知名度,让这个区域在教育领域的影响力不断向外扩散。

此外,虹口区还敏锐地捕捉到新媒体平台的巨大潜力,积极利用这些平台来为科技教育的宣传和推广添砖加瓦。在微信公众号这个信息传播的便捷通道上,虹口区的教育部门和各学校正精心运营着与科技教育相关的账号。他们定期发布科技教育活动的最新动态和成果分享,内容丰富多样。例如,会详细介绍某一次科技实践活动的全过程,从活动的策划初衷,到学生们在活动中的表现,再到活动最终取得的成果和收获。还会分享一些

学生在科技竞赛中获奖的喜讯,附上学生的获奖感言和作品介绍。

微博平台也成为虹口区科技教育宣传的重要阵地。通过发布精美的图片、有趣的短视频以及简洁生动的文字,向广大网友展示虹口区科技教育的亮点。这些新媒体平台的宣传和推广就像一阵强劲的东风,将虹口区科技教育的信息吹向更广阔的天地。这不仅增强了虹口区科技教育的社会影响力,而且吸引了越来越多家长和学生的目光。许多家长在看到这些宣传后,对虹口区的科技教育产生了浓厚的兴趣,纷纷表示希望自己的孩子能够参与其中。学生们也被这些充满创意和活力的科技教育内容吸引,渴望在虹口区的科技教育舞台上展现自己的才华。

二、社会反响热烈,增强教育认同感

虹口区科技教育所取得的显著成效,就像一颗投入平静湖面的石子,激起了层层涟漪,不仅成为媒体关注和报道的焦点,更是在社会各界引发了热烈的反响。众多家长、学生和教育专家如同敏锐的观察者,纷纷对虹口区科技教育的成果竖起大拇指,表示赞赏和肯定。他们认为虹口区在科技教育这片广阔的蓝海上,犹如一艘领航的帆船,走在了前列,为其他地区提供了宝贵的借鉴和启示。

以虹口区青少年科学院虹口分院为例,这个分院宛如一座科技教育的殿堂,是虹口区科技教育的重要平台之一。自成立以来,其一直备受广大学生和家长的关注和喜爱。分院就像一个充满魔力的科技乐园,通过开展一系列丰富多彩的科研活动和实践项目,为学生们打开了一扇通往科学世界的大门。

在科研活动方面,分院组织了各种类型的科学研究项目。例如,针对自然科学领域,有学生参与了对本地生态环境的研究项目。他们在导师的指导下,深入公园、湿地等自然环境中,采集样本,进行数据分析。有的学生对昆虫的生态习性产生了浓厚的兴趣,他们通过长时间的观察和记录,研究不同昆虫在季节变化中的行为模式,以及它们与周围环境的相互关系。在工程技术领域,学生们则投身于一些具有实际应用价值的项目。比如,设计制作简易的智能家居系统,他们从原理学习开始,了解电路知识、传感器原理等,然后动手制作模型,尝试将各种功能集成到一个小小的系统中,实现诸如自动控制灯光、调节室内温度等功能。

这些实践项目让学生们在亲身体验中培养了科学素养和创新能力。许多学生在这里找到了自己的兴趣方向,并且在不断的探索中取得了长足的进步。他们在参加各类科技竞赛中屡获佳绩,这些成绩不仅是对学生个人的肯定,更是虹口区青少年科学院虹口分院教育成果的有力证明。

同时,分院还积极邀请家长和专家参与活动,搭建起一个互动交流的平台。家长们通过参与这些活动,更加深入地了解孩子在科技教育中的成长过程。例如,在一些科技成果展示活动中,家长们看到自己孩子精心制作的科技作品,听到孩子自信地讲解作品的原理和创意,心中充满了自豪和欣慰。他们也能在这个过程中与其他家长交流教育经验,共同探讨如何更好地支持孩子在科技教育道路上的发展。

专家们的参与则为学生们带来了更前沿的科学知识和更专业的指导。教育专家会分享一些先进的教育理念和方法,帮助分院不断优化教育模式。科技领域的专家则会结合自己的研究成果和实践经验,为学生们的科研项目提供技术支持和建议。例如,一位生物专家在参与分院的活动时,针对学生们在昆虫研究项目中遇到的问题,给出了专业的解答,并引导学生们从更宏观的角度去思考昆虫生态与全球生态系统的关系。这种互动交流和经验分享的方式,极大地增强了家长对科技教育的认同感和支持度。

这种积极的社会反响如同温暖的阳光,充分体现了虹口区科技教育的整体实力和强大影响力,它为虹口区未来科技教育的持续发展构建起一道坚实的保障墙。在如此良好的发展氛围下,虹口区的科技教育能够更加稳步地向前迈进。

此外,虹口区还积极拓展发展的边界,加强与社会各界的紧密联系和深度合作。通过资源共享、优势互补等多种方式,齐心协力推动科技教育向着更高的山峰攀登。

例如,虹口区与上海科技馆等科普场馆展开了一系列富有成效的科普教育活动合作。上海科技馆就像一个巨大的科技知识宝库,拥有丰富的科普资源和先进的技术手段。虹口区与之合作,就像将这个宝库的大门向区内的学生们敞开。合作过程中,上海科技馆为虹口区的科技教育提供了许多珍贵的科普展品和展览资源。这些展品涵盖了物理、化学、生物、天文等多个学科领域,从古老的化石标本到现代的高科技互动展品,应有尽有。例如,科技馆的一些关于宇宙探索的展品,能够让学生们身临其境地感受宇宙的浩瀚和神秘,了解宇宙飞船的构造和航天科技的发展历程。

同时,科技馆的技术手段也为虹口区的科技教育注入了新的活力。例如,利用虚拟现实(VR)和增强现实(AR)技术,让学生们能够更加直观地学习科学知识。在学习人体结构的课程中,学生们可以通过VR设备进入人体内部,观察各个器官的结构和功能,这种身临其境的学习体验大大提高了学习的效果。通过这种合作,虹口区的科技教育质量和效果得到了显著提升,学生们能够接触到更广泛、更深入的科技知识,拓宽了视野,激发了对科学的探索欲望。

虹口区还积极邀请企业代表参与科技教育活动,构建起了充满活力的校企合作模式。企业作为科技成果转化的前沿阵地,拥有丰富的实践经验和创新资源。例如,一些科技企业将自己研发项目中的部分内容转化为适合学生参与的实践课题。某电子科技企业将一个关于智能电子产品小型化设计的项目,分解出一些适合学生研究的子课题,如电路布局优化、微型传感器应用等。学生们在参与这些课题的过程中,能够了解到企业在实际研发过程中的需求和面临的挑战,将理论知识与实际应用相结合。

企业代表还可以为学生们带来职场的视角和创新思维。他们在参与科技教育活动时,会分享企业在创新过程中的故事和经验,让学生们明白创新不仅仅是在实验室里的灵光一现,更需要考虑市场需求、成本控制、产品推广等多方面的因素。这种校企合作的方式不仅推动了科技教育的创新与发展,而且增强了虹口区科技教育的社会认同感和支持度。社会各界看到虹口区通过与企业合作,为学生提供了更具实用性和前瞻性的科技教育内容,纷纷表示认可和支持。这进一步提升了虹口区区域教育的整体实力和影响力,让虹口区在科技教育的道路上越走越远,越走越稳。

虹口区在科技教育方面的成功,得到了社会的广泛认可。无论是媒体的高频报道,还是社会各界的热烈反响和积极合作,都为虹口区科技教育的持续发展提供了强大的动力和坚实的保障。在未来的征程中,虹口区将继续秉持科技教育的先进理念,不断探索创新,在社会各界的支持下,书写更加辉煌的科技教育新篇章。

综上所述,虹口区在科技教育新范式的引领下取得了显著成效,不仅受到了广大师生的热烈欢迎和积极参与,还得到了社会各界的广泛认可和赞誉。这些认可不仅体现了虹口区科技教育的整体实力和影响力,更为虹口区未来科技教育的持续发展奠定了坚实基础。未来,虹口区将继续深化科技教育改革创新实践,探索区域内青少年科技教育高质量高品质发展的新路径和新模式,为培养更多具备科学素养和创新能力的未来人才贡献力量。

第七章
规划前行,拓展新范式路径

随着科技的飞速发展和教育改革的不断深化,科技教育作为培养未来创新人才的重要途径,正面临前所未有的机遇与挑战。虹口区作为科技教育改革的先锋,在探索与实践科技教育新范式的道路上取得了显著成效,但也面临着诸多挑战。

第一节 未来方向展望

一、顺应科技与教育发展趋势,明确未来发展方向

在当今这个科技迅猛发展、知识不断更新的时代,科技与教育的关系越发紧密,二者相互依存、相互推动。科技的创新为教育提供了新的手段、内容和理念,而教育则是培养科技人才、传播科技知识、推动科技发展的重要基石。虹口区的科技教育要在这样的大背景下找准自身的未来发展方向,就必须紧密贴合科技发展趋势,同时积极响应教育改革的要求,始终保持与时俱进的姿态,走在时代发展的前列。

(一)强化STEM与STEAM教育

1. STEM教育的兴起与意义

STEM教育理念的诞生是基于现代社会对复合型科技人才的迫切需求。在当今科技领域,科学(Science)、技术(Technology)、工程(Engineering)和数学(Mathematics)这四个学科领域相互交叉、渗透的现象日益普遍。例如,在人工智能领域,算法设计(数学)、编程实现(技术)、数据挖掘(科学)以及整个系统的架构搭建(工程)都紧密相关。STEM教育打破了传统学科界限,旨在通过整合这四个学科的知识与技能,培养学生的综合应用能力、批判性思维和创新精神。这种教育模式有助于学生更好地理解现实世界中的复杂问题,

并运用多学科知识去解决它们。

2. 虹口区STEM教育的现状与强化路径

目前,虹口区在STEM教育方面已经取得了一些成绩,部分学校开设了相关课程,组织了一些STEM活动。然而,与国际先进水平和国内发达地区相比,仍存在一定差距。为了进一步强化STEM教育,虹口区需要从多个方面入手。

○ 课程体系建设

构建系统、完善的STEM课程体系是关键。这需要教育部门联合科技专家、一线教师等共同参与。课程应涵盖从小学到中学的各个阶段,并根据不同年龄段学生的认知水平和兴趣特点,设计分层递进的教学内容。例如,在小学阶段,可以通过有趣的科学实验、简单的编程游戏等方式,让学生初步感受STEM学科的魅力;到了中学阶段,则可以开展一些综合性的项目,如设计并制作一个小型太阳能发电装置,涉及物理(太阳能转化原理)、数学(能量计算)、工程(装置设计与制作)和技术(太阳能电池技术等)等多方面知识。

○ 师资队伍培养

拥有一支高素质、跨学科的师资队伍是实施STEM教育的保障。虹口区可以通过组织教师参加专业培训、鼓励教师跨学科进修等方式,提升教师的STEM素养。例如,定期举办STEM教学方法培训,邀请国内外专家分享教学经验;设立专项基金,支持教师参加跨学科的研究生课程学习或参加相关的学术研讨会。

○ 教育资源整合

整合区内校外的教育资源,为STEM教育提供丰富的支持。一方面,利用区内的科技馆、博物馆、科研机构等资源,开展课外实践活动,让学生在真实的科技环境中学习。比如,组织学生到科技馆进行实地参观学习,通过科技馆的互动展品,深入理解STEM相关知识。另一方面,鼓励企业参与STEM教育,提供技术支持、设备捐赠或设立奖学金等。

3. STEAM教育的探索与发展

在STEM教育的基础上,将艺术(Arts)融入其中形成STEAM教育模式,是虹口区科技教育未来发展的一个重要方向。艺术元素的加入能够进一步激发学生的创造力和想象力,为科技创新注入更多的人文气息。

○ 艺术与STEM学科的融合方式

在课程设计方面,可以探索多种艺术与STEM学科的融合方式。例如,在建筑工程设计课程中,可以加入美学设计元素,让学生不仅考虑建筑的结构稳定性(工程)和功能合理性(科学),还要注重建筑外观的艺术性(艺术);在编程教学中,可以通过设计富有创意的动画或游戏界面(艺术)来展示编程成果,提高学生的编程兴趣。

○ 培养学生的综合素养

STEAM教育有助于培养学生的综合素养。通过参与STEAM项目,学生能够学会从多个角度看待问题,将逻辑思维与形象思维相结合,提高解决复杂问题的能力。例如,在设计一个环保主题的城市规划项目时,学生需要运用科学知识分析环境因素,用工程技术手段规划基础设施,用数学模型进行数据模拟,同时还要运用艺术手段营造城市的文化氛围和美感。

(二)推进项目式学习(PBL)

1. 项目式学习的内涵与优势

项目式学习(PBL)是一种以学生为中心的动态教学方法,它以项目为载体,将学习过程置于真实的问题情境之中。在项目式学习中,学生是学习的主体,他们需要自主规划项目进程、开展调查研究、分析问题、提出解决方案并最终展示项目成果。这种学习方法的优势在于它能够激发学生的学习兴趣和主动性,因为学生面对的是真实世界中的实际问题,而不是抽象的课本知识。例如,在一个关于社区垃圾分类改善的项目中,学生需要深入了解垃圾分类的现状(通过实地调查、访谈等方式),分析存在的问题(如居民垃圾分类意识不强、分类设施不完善等),然后提出切实可行的解决方案(如开展宣传活动、设计改进分类设施等)。在这个过程中,学生不仅学到了相关的科学知识(如垃圾的分类标准、处理方式等),还锻炼了沟通能力、团队协作能力、批判性思维和解决问题的能力。

2. 虹口区推进项目式学习的策略

虹口区要大力推进项目式学习,需要采取一系列具体的策略。

○ 项目设计与课程整合

将项目式学习与现有课程进行有机整合。教育部门和学校可以根据课程标准和教学目标,设计一系列与学科知识紧密相关的项目。例如,在生物课程中,可以设计"校园生物多样性调查"项目;在历史课程中,可以开展"本地历史文化遗迹保护与开发"项目等。这样既能保证学生在项目学习中掌握学科知识,又能提高他们的综合能力。

○ 教师指导与培训

项目式学习对教师的指导能力提出了更高的要求。教师需要从传统的知识传授者转变为项目的引导者和协助者。虹口区可以通过开展教师培训活动,提升教师的项目式学习指导能力。培训内容可以包括项目设计方法、学生自主学习引导技巧、项目评价方法等。同时,建立教师之间的交流与合作机制,让有经验的教师分享项目式学习的教学经验。

○ 评价体系构建

建立科学合理的项目式学习评价体系是推动项目式学习发展的重要保障。评价体系应注重过程性评价和综合性评价。过程性评价可以关注学生在项目中的参与度、团队协作能力、问题解决能力的发展等;综合性评价则要综合考虑项目成果的质量、学生在项目中的知识掌握情况等因素。例如,可以采用学生自评、互评和教师评价相结合的方式,全面、客观地评价学生在项目式学习中的表现。

(三) 促进教育与产业的深度融合

1. 教育与产业融合的背景与意义

随着科技的飞速发展和产业结构的不断升级,产业界对人才的需求发生了深刻变化。传统的教育模式培养出的人才往往难以满足产业界对创新能力、实践能力和跨学科知识的要求。教育与产业的深度融合成为解决这一问题的关键途径。通过教育与产业的合作,学生能够在学习过程中接触到产业界的最新技术、设备和工作流程,了解行业的发展动态和需求,从而更好地规划自己的职业发展路径。同时,产业界也能够从教育领域获取人才储备,参与人才培养的过程,提高人才与产业需求的匹配度。

2. 虹口区教育与产业融合的实践探索

虹口区应积极探索教育与产业深度融合的有效模式。

○ 课程共建

与产业界共同开发科技教育课程是实现教育与产业融合的重要方式。例如,与区内的科技企业合作,根据企业的技术需求和行业发展趋势,开发人工智能、大数据等前沿科技领域的课程。在课程开发过程中,企业可以提供技术专家参与课程设计、提供实际案例作为教学素材,学校则负责将企业提供的内容与教育教学规律相结合,形成适合学生学习的课程体系。

○ 实践基地建设

建立产业实践基地,为学生提供实习和实践的机会。虹口区可以与企业合作,在企业内部设立学生实践基地,让学生在真实的工作环境中进行实践操作。例如,与电子制造企业合作,建立电子技术实践基地,学生可以在基地中参与电子产品的生产、测试等环节,了解电子产业的生产流程和质量控制要求,同时将所学的电子技术知识应用于实际工作中。

○ 人才对接机制

建立人才对接机制,确保教育培养出的人才能够顺利进入产业界。一方面,企业可以提前参与学校的人才选拔过程,通过设立奖学金、实习岗位等方式吸引优秀学生;另一方面,学校可以根据企业的人才需求,调整教学内容和培养方向,为企业输送符合需求的人才。

二、对接国家人才培养战略,确定长期目标

国家人才培养战略是从宏观层面为全国的教育发展,包括科技教育,指明了方向。虹口区的科技教育作为国家教育体系的一部分,必须紧密对接国家人才培养战略,明确自身的长期目标,从而为国家的创新发展贡献力量。

(一) 培养拔尖创新人才

1. 拔尖创新人才的内涵与重要性

拔尖创新人才是指在某一领域或多个领域具有卓越的创新能力、深厚的专业知识和强烈的社会责任感的人才。在当今全球化竞争日益激烈的时代,拔尖创新人才是国家实

现创新驱动发展战略的核心力量。他们能够在科技前沿领域开展创新性研究,推动技术突破,引领产业升级,为国家在国际竞争中赢得战略优势。例如,在航天领域,像钱学森这样的拔尖创新人才,凭借其卓越的创新能力和专业知识,带领中国航天事业从无到有、从弱到强,取得了举世瞩目的成就。

2. 虹口区培养拔尖创新人才的策略

虹口区要致力于培养拔尖创新人才,需要采取一系列有针对性的策略。

○ 选拔机制

建立科学的拔尖创新人才选拔机制是第一步。可以通过多种方式选拔具有创新潜力的学生。在小学和中学阶段,可以开展科技创新竞赛、学科能力测试等活动,发现对科技有浓厚兴趣且具有创新思维的学生;在高中阶段,可以结合学生的学业成绩、科研项目参与情况、创新成果等因素,选拔出具有拔尖创新人才潜质的学生。

○ 个性化培养

对选拔出的拔尖创新人才苗子进行个性化培养。根据每个学生的兴趣、特长和潜力,制定个性化的培养方案。例如,对于有数学天赋的学生,可以为其提供高级别的数学课程学习机会,安排专门的数学导师进行一对一指导,鼓励其参加国际数学竞赛等;对于对生物科技感兴趣的学生,可以让其提前参与生物科研项目,提供实验室资源,培养其科研能力。

○ 高端资源整合

整合高端教育资源,为拔尖创新人才培养提供支持。虹口区可以与国内外知名高校、科研机构建立合作关系,共享优质教育资源。例如,邀请高校教授、科研专家到区内讲学、指导学生科研项目;选派优秀学生到高校实验室或科研机构进行短期学习和研究。

(二)推动教育公平与质量提升

1. 教育公平与质量提升的意义

教育公平是社会公平的重要基础,是实现国家长治久安和可持续发展的必然要求。每个孩子都有接受优质教育的权利,不论其家庭背景、地域差异如何。同时,教育质量的提升也是国家发展的重要支撑。优质的教育能够提高国民素质,培养出更多适应社会发展需求的人才。在科技教育领域,推动教育公平与质量提升意味着让所有孩子都能享受到先进的科技教育资源,掌握基本的科技知识和技能,从而缩小因地域、家庭经济状况等因素造成的教育差距。

2. 虹口区推动教育公平与质量提升的措施

虹口区要在科技教育中推动教育公平与质量提升,可以从以下几个方面入手。

○ 资源均衡配置

加大对教育资源薄弱地区的投入,实现科技教育资源的均衡配置,包括硬件设施和师资力量的均衡。在硬件设施方面,为偏远学校或教育资源匮乏的学校配备先进的科技教学设备,如计算机、实验室仪器等;在师资力量方面,可以通过教师轮岗、支教等方式,将优秀的科技教师分配到不同的学校,同时加强对薄弱学校教师的培训,提高其科技教育水平。

○ 在线教育推广

利用在线教育技术,扩大优质科技教育资源的覆盖面。虹口区可以建立区域内的在线科技教育平台,整合区内优质的科技课程、教学视频等资源,免费向所有学生开放。同时,鼓励学校和教师开展在线教学活动,通过网络直播、录播等形式,让学生能够随时随地学习科技知识。

○ 弱势群体帮扶

关注弱势群体的科技教育需求,为他们提供特殊的帮扶。例如,对于贫困家庭的学生,可以提供科技教育补贴,包括购买学习资料、参加科技培训的费用等;对于残疾学生,开发适合他们的科技教育课程和教学方法,如利用辅助技术开展科技教育,确保他们也能参与科技教育活动。

第二节　策略精准施策

一、优化师资配置、促进教育均衡的具体措施

师资配置和教育均衡是影响科技教育质量的核心要素,对于虹口区科技教育的可持续发展起着至关重要的作用。

(一)加大教师培训力度

1. 培训内容的多元化

虹口区应全方位加大对科技教师的培训力度,从多个维度提升教师的专业素养和教学能力。在教育观念更新方面,要让教师深入理解现代科技教育的内涵与发展趋势,认识到科技教育不再仅仅是传授科学知识,而是培养学生的科学思维能力、创新能力和实践能力。例如,组织关于"21世纪科技教育新视野"的系列讲座,邀请教育领域的专家学者分享国内外先进的科技教育理念,如探究式学习、跨学科整合教学等理念在科技教育中的应用。在教学方法培训上,除了传统的讲授式教学法外,应着重推广以学生为中心的教学方法。例如,开展情境教学法的培训,教导教师如何根据不同的科技教学内容创设生动有趣的情境,像在教授物理中的电学知识时,可以创设家庭电路故障检修的情境,让学生在解决实际问题的过程中掌握知识。同时,针对新兴技术在教学中的应用,如虚拟现实(VR)和增强现实(AR)技术,举办专门的技术应用培训工作坊,让教师学会利用这些技术创建沉浸式的学习环境,提高教学的趣味性和实效性。对于最新的科技知识培训,要紧跟科技发展的前沿动态。例如,随着量子计算技术的发展,组织教师参加量子计算基础原

理和应用的培训课程，使教师能够将这些前沿知识融入日常教学中，激发学生对新兴科技领域的探索欲望。

2. 培训形式的多样化

为了让教师更好地吸收培训内容，虹口区应采取多样化的培训形式。除了传统的集中授课式培训外，还应积极开展线上培训课程，利用在线教育平台提供丰富的学习资源，如教学视频、电子教材、在线测试等，方便教师根据自己的时间和学习进度进行自主学习。例如，开发专门的科技教师在线培训课程平台，将不同类型的培训内容分类整理，教师可以随时登录平台选择自己感兴趣或需要提升的课程进行学习。组织教师参加实地考察和观摩活动也是非常有效的培训形式。安排教师到科技教育发达地区的学校进行参观学习，实地感受先进的教学模式和教育管理经验。比如，组织教师到上海的一些科技特色学校，观摩他们的科技创新课程设置、实验室管理以及学生的科技作品展示等，让教师在对比中发现自身的不足，学习借鉴他人的成功经验。此外，建立教师之间的互助学习小组也是一种创新的培训形式。将区内不同学校的科技教师分组，定期开展小组内的交流研讨活动。小组成员可以分享自己在教学过程中的成功案例、遇到的问题及解决方案，通过这种互动式的交流，促进教师之间的共同成长。

（二）引进优秀人才

1. 人才吸引策略

虹口区应积极制定有吸引力的人才政策，吸引优秀人才加入科技教师队伍。在薪酬待遇方面，提供具有竞争力的薪资和福利待遇。根据教师的学历、教学经验和专业技能等因素制定差异化的薪酬体系，确保优秀人才能够获得合理的报酬。例如，对于具有博士学位且在科技教育领域有丰富经验的教师，给予高于市场平均水平的薪资，并提供额外的住房补贴、科研启动资金等福利。在职业发展机会方面，为引进的人才提供广阔的发展空间。建立透明、公正的晋升机制，明确教师的晋升标准和路径，如从普通教师晋升为骨干教师、学科带头人等不同层级的具体要求，包括教学成果、科研项目参与情况等方面的考核指标。同时，积极为教师提供参与国内外学术交流、专业培训和科研项目的机会，鼓励教师不断提升自己的专业水平。在工作环境营造上，创建积极向上、富有创新氛围的校园文化。学校应配备先进的教学设施和舒适的办公环境，为教师提供良好的工作条件。例如，打造科技感十足的教师办公室，配备高速网络、智能办公设备等，同时开展丰富多彩的校园科技文化活动，如科技节、科技讲座等，让教师在浓厚的科技氛围中工作，提高工作的积极性和满意度。

2. 教师评价和激励机制的建立

建立科学合理的教师评价和激励机制是激发教师工作积极性和创造力的关键。在教师评价方面，应构建多元化的评价体系，综合考虑教学效果、科研成果、学生评价等多个因素。教学效果的评价不能仅仅局限于学生的考试成绩，还要关注学生的学习兴趣、创新能力和实践能力的提升。例如,通过观察学生在科技项目中的表现、学生的科技作品成果等方面来评价教师的教学效果。科研成果方面,鼓励教师积极开展与科技教育相关的科研项目,如对新型教学模式在科技教育中的应用效果研究、本地科技教育资源的整合与开发研究等。根据教师的科研成果发表情况、科研项目的级别和影响力等给予相应的评价。学生评价也是重要的组成部分,定期收集学生对教师教学的反馈意见,了解学生对教师教学方法、教学内容、师生互动等方面的满意度。在激励机制方面,设立多种奖励项目。对于教学成果突出的教师,如在提升学生科技竞赛成绩、培养学生创新思维等方面表现优异的教师,给予教学成果奖,并在评优评先、职称晋升等方面给予优先考虑。对于科研成果显著的教师,提供科研奖励资金,鼓励教师将科研成果转化为实际的教学资源。同时,对于在教育教学改革方面有创新举措且取得良好效果的教师,设立教育创新奖,以激励教师不断探索新的教学方法和模式。

(三) 促进教育资源共享

1. 教育资源共享平台的建设

虹口区应积极推动教育资源共享平台的建设,这一平台应整合各类优质教育资源,包括教学课件、教案、教学视频、试题库等,以满足不同学校、不同层次学生的需求。在平台的功能设计上,要具备资源上传、下载、搜索、分类管理等基本功能。例如,教师可以方便地上传自己精心制作的优质课件和教案,同时也能够轻松地搜索和下载其他教师分享的资源。为了提高资源的针对性和适用性,平台应对资源进行详细的分类管理,可以按照学科、年级、教学内容的难易程度等多个维度进行分类。比如,将科技教育资源分为物理、化学、生物等学科类别,在每个学科下又按照初中、高中等不同年级进一步细分,在每个年级的资源中再根据基础知识、拓展知识、实验教学等不同教学内容进行归类,这样教师和学生就能够快速准确地找到自己需要的资源。此外,平台还应具备互动交流功能,如设置论坛、在线问答等板块。教师可以在论坛上交流教学经验、分享教学心得,也可以于在线问答板块提出教学中遇到的问题,其他教师或教育专家可以及时给予解答,形成一个良好的教育资源共享和交流互动的社区。

2. 缩小校际教育差距

通过教育资源共享平台,虹口区要致力于缩小校际之间的教育差距。对于教育资源薄弱的学校,平台应提供更多的基础教学资源支持,如针对基础知识的教学课件和教案,帮助这些学校的教师提高教学质量。同时,组织城市优质学校与薄弱学校开展结对帮扶活动,通过网络直播教学、远程辅导等方式,实现优质教育资源的共享。例如,优质学校可以定期开展网络公开课,薄弱学校的学生可以同步观看学习。课后,优质学校的教师可以通过网络平台对薄弱学校的学生的作业进行批改和辅导,解答他们在学习过程中遇到的问题。此外,还可以开展校际之间的教师交流活动,优质学校的骨干教师到薄弱学校进行支教,薄弱学校的教师到优质学校进行跟岗学习。通过这种双向交流,促进校际之间师资水平的均衡发展,进一步缩小教育差距。

二、制定改善硬件设施、创新教育模式的方案

硬件设施和教育模式是科技教育发展的重要支柱,虹口区必须精心制定方案,以改善硬件设施、创新教育模式,为科技教育的蓬勃发展提供坚实的保障。

(一) 加大硬件设施投入

1. 硬件设施的全面升级

虹口区应加大对科技教育硬件设施的投入力度,确保学校具备先进的科技教学设备和实验条件。在信息技术设备方面,要为学校配备高速稳定的校园网络,满足学生在线学习、教师在线教学和教学资源共享的需求。例如,升级校园网络为千兆光纤网络,确保在多设备同时连接的情况下,网络依然能够保持流畅,避免出现网络卡顿等影响教学的情况。 同时,为每个教室配备多媒体教学设备,如智能交互大屏、投影仪、音响系统等,方便教师开展多样化的教学活动。在实验室建设方面,要根据不同学科的需求建设高标准的实验室。例如,在物理实验室,配备高精度的力学、电学、光学实验仪器,如电子天平、示波器、分光光度计等,让学生能够进行精确的实验操作,培养他们的科学实验技能。 对于生物实验室,要配备先进的生物显微镜、细胞培养设备、基因测序仪等仪器,使学生能够深入了解生物微观世界和现代生物技术的发展。此外,还要建设专门的科技活动室,如机器人活动室、3D打印工作室等,为学生提供实践创新的场所,让他们能够亲身体验新兴科技的魅力。

2. 管理和维护机制的建立

为了确保硬件设施的长期稳定运行,虹口区应建立科学完善的管理和维护机制。在管理方面,学校应制定详细的硬件设施管理制度,明确设备的使用规范、借用流程、损坏赔偿等规定。例如,规定教师和学生在使用多媒体教学设备时,必须按照操作指南进行操作,避免因不当操作造成设备损坏。对于大型实验仪器,要建立使用预约制度,确保仪器的合理使用。 在维护方面,建立专业的维护团队或与专业的维护公司合作。维护团队要定期对硬件设施进行检查、保养和维修。例如,每月对校园网络设备进行一次巡检,每学期对实验室仪器进行一次全面的校准和维护。同时,建立硬件设施的故障报修平台,教师和学生可以及时上报设备故障情况,维护人员能够快速响应并解决问题,确保硬件设施的正常使用。

(二) 创新教育模式

1. 新型教学模式的推广

虹口区应积极探索并大力推广创新教育模式,突破传统教学的禁锢,为学生营造更加开放、自由的学习环境。项目式学习是一种非常值得推广的教学模式。在项目式学习中,学生以小组形式合作完成一个特定的项目,如设计并制作一个由太阳能驱动的小型风扇。

在这个过程中,学生需要运用到多学科知识,包括物理中的能量转换原理、工程中的设计和制造知识、数学中的计算和测量知识等。教师在项目式学习中扮演引导者的角色,引导学生确定项目目标,制订计划,收集资料,进行实验和制作,最后展示项目成果。通过这种方式,学生能够提高解决实际问题的能力、团队协作能力和创新能力。翻转课堂也是一种新型的教学模式。在翻转课堂中,学生在课前通过观看教学视频、阅读电子教材等方式自主学习基础知识,课堂上则主要进行问题讨论、实验操作、项目实践等活动。例如,在化学课程中,学生课前观看关于化学反应原理的视频,课堂上则进行化学实验,验证所学的原理,并就实验过程中遇到的问题进行讨论和交流。这种教学模式改变了传统课堂的教学结构,提高了学生的学习自主性和学习效率。

2. 个性化学习的支持

除了推广新型教学模式外,虹口区还应注重支持学生的个性化学习。每个学生都有自己独特的学习风格和学习进度,因此教育模式应适应这种差异。利用现代教育技术,建立学生学习档案,记录学生的学习过程、学习成果、兴趣爱好等信息。例如,通过在线学习平台的学习数据统计功能,分析学生在不同学科、不同知识点上的学习时间、学习效果等,从而为学生制订个性化的学习计划。对于学习进度较快的学生,可以提供拓展性的学习资源,如更高层次的科技课程、学术论文阅读推荐等;对于学习进度较慢的学生,则提供针对性的辅导资源,如基础知识巩固练习、一对一在线辅导等。此外,鼓励教师根据学生的个性差异开展分层教学,在课堂教学中设置不同难度层次的教学任务,让每个学生都能在自己的能力范围内得到充分的发展。

(三)加强校企合作

1. 共建实验室和实训基地

虹口区应强化与企业的合作,通过共建实验室和实训基地等方式,为学生打造接触最新科技成果和产业动态的平台。在共建实验室方面,学校和企业应充分发挥各自的优势。学校提供场地和部分基础设备,企业则投入先进的技术设备和专业技术人员。例如,与当地的电子科技企业共建电子实验室,企业将其最新研发的电子芯片测试设备投入实验室,同时派遣工程师到实验室指导学生操作设备,让学生了解最前沿的电子科技成果。实训基地的建设则更侧重于让学生体验真实的产业工作环境。例如,与机械制造企业合作建立机械制造实训基地,基地按照企业的生产车间标准进行建设,学生在实训基地可以参与机械零件的加工、装配等生产流程,了解企业的生产管理模式和质量控制要求。通过这种方式,学生能够将所学的理论知识与实际生产相结合,提高科技教育的实用性和针对性。

2. 人才培养与产业需求对接

加强校企合作的另一个重要目的是实现人才培养与产业需求的对接。企业最了解产业发展对人才的需求情况,学校应根据企业的反馈调整人才培养方案。例如,随着人工智能产业的快速发展,企业对具备人工智能算法开发、数据挖掘和机器学习等技能的人才需求日益增加。学校可以与人工智能企业合作,在科技教育课程中增加相关的课程内容,如开设人工智能编程课程、数据处理与分析课程等。同时,企业可以为学生提供实习岗位和就业机会,让学生在学习期间就有机会到企业实习,了解企业的文化和工作要求,提前适应职场环境。企业还可以参与学校的人才选拔过程,通过设立企业奖学金、举办企业专场招聘会等方式,吸引优秀的学生毕业后直接进入企业工作,从而实现学校人才培养与企业人才需求的无缝对接。

第三节 愿景描绘蓝图

一、科技教育的未来发展前景展望

随着科技教育新范式的不断完善和拓展,虹口区的学生、学校和区域科技教育将迎来更加广阔的发展前景。

(一)学生发展前景

1. 科学素养的全方位提升

在科技教育新范式的持续影响下,虹口区的学生将在科学知识、科学方法和科学精神等多个维度全面提升自身的科学素养。在科学知识方面,他们将不再局限于课本上的基础知识,而是深入接触到前沿科技领域的知识内容。例如,在量子物理领域,学生们将理解量子叠加态、量子纠缠等复杂概念;在基因编辑技术方面,了解CRISPR-Cas9技术的原理及其在生物医学、农业等领域的应用前景。这将使他们能够紧跟现代科技发展的步伐,为日后在相关领域的深入学习和研究奠定坚实的基础。

在科学方法的掌握上,学生将熟练运用观察、实验、假设、推理等方法来探索未知。以开展一个关于城市空气质量改善的研究项目为例,他们首先会观察城市中不同区域的空气质量状况,然后提出假设,如某些交通繁忙区域的汽车尾气排放是空气质量差的主要原因。接着通过设计实验,例如在不同交通流量区域设置空气监测点,收集数据并进行分析推理,最终得出结论并提出改善建议。这种科学方法的运用能力将贯穿他们解决各种问题的过程中,无论是在学术研究还是日常生活中。

科学精神的培养也是至关重要的。虹口区的学生将逐渐养成质疑、探索、创新和坚持真理的科学精神,他们不再盲目接受既有知识,而是敢于对传统观点质疑。例如,在学习经典物理学时,当遇到一些与现代科技现象看似矛盾的理论时,他们会积极探索背后的原因,通过查阅资料、与教师和同学讨论等方式,寻求更合理的解释。这种科学精神将使他们在面对复杂的科技问题和社会挑战时,保持独立思考和积极探索的态度,为成为创新人才和领袖人物提供内在动力。

2. 创新能力的深度挖掘

虹口区的学生在科技教育的深度熏陶下,创新能力将得到深度挖掘。他们将在创意构思、创新实践和创新成果转化等方面展现出卓越的能力。在创意构思阶段,学生们将在跨学科知识的交融碰撞中产生独特的想法。例如,结合艺术与工程学,设计出具有独特美学价值和实用功能的新型建筑模型;或者融合生物学和计算机科学,构思出基于生物特征识别的个性化医疗辅助系统。

在创新实践方面,学生将有更多机会将自己的创意付诸实践。学校和社会将提供丰富的实践平台,如科技竞赛、创新项目孵化基地等。以参加机器人创新竞赛为例,学生们需要将自己的创意设计转化为实际的机器人模型,从机械结构设计、电子电路搭建到编程控制,每个环节都需要他们亲自动手实践,在这个过程中不断调试和改进,以实现最佳的功能效果。

创新成果转化能力也将成为学生的重要能力之一。他们将学会如何将自己的创新成果从实验室推向市场或社会应用领域。例如,当学生开发出一种新型的环保材料后,他们需要了解市场需求、寻找合作伙伴、进行成本效益分析,并制定合理的推广策略,使这种创新成果能够真正造福社会,为国家的科技创新和进步贡献实际的力量。

(二)学校发展前景

1. 办学水平的全方位提升

虹口区各学校在科技教育的有力推动下,将在教育理念、教学管理和校园文化建设等方面全方位提升办学水平。在教育理念上,学校将从传统的以知识传授为主转向以培养学生的综合素养和创新能力为核心。这种理念的转变将体现在课程设置、教学方法和评价体系等各个方面。例如,在课程设置方面,除了传统的学科课程外,将更加注重跨学科课程和实践课程的设置;在教学方法上,更多地采用项目式学习、探究式学习等以学生为中心的教学方法;在评价体系上,不再单纯以考试成绩为评价标准,而是综合考量学生的创新能力、实践能力和团队协作能力等多方面的素质。

在教学管理方面,学校将借助现代信息技术实现智能化管理。例如,利用大数据分析学生的学习行为和学习效果,为每个学生制订个性化的学习计划;通过智能化的排课系统,优化课程安排,提高教学资源的利用效率;建立在线教学质量监控平台,实时监测教师的教学过程和学生的学习反馈,及时调整教学策略。

校园文化建设也将围绕科技教育展开。学校将营造浓厚的科技氛围,打造科技主题的校园景观,如设置科技名人雕像、科技成果展示墙等;开展丰富多彩的科技文化活动,如科技节、科普讲座、科技竞赛等,激发学生对科技的兴趣和热爱;培养学生的科技社团,为学生提供自主开展科技探索和创新实践的平台,营造积极向上、富有创新活力的校园文化氛围。

2. 教育质量的实质性提高

通过加强与产业界的合作和引进优秀人才等措施,虹口区的学校将实现教育质量的实质性提高。与产业界的合作将为学校带来丰富的教育资源和真实的实践场景。例如,企业可以为学校提供先进的生产设备用于教学实践,派遣专业技术人员到学校担任兼职教师,传授最新的行业知识和实践技能。学校可以根据产业需求调整人才培养方案,使培养出的学生更符合市场和社会的需求。

引进优秀人才将提升学校的师资整体水平。优秀的科技教师不仅具备扎实的学科知识,还拥有丰富的教学经验和创新的教学方法。他们能够引导学生进行深入的科技探索,激发学生的创新潜能。例如,一位在人工智能领域有深入研究的教师加入学校后,可以开设前沿的人工智能课程,带领学生开展与人工智能相关的研究项目,提高学生在该领域的知识水平和实践能力。同时,优秀人才的引进还将带动学校教师团队的成长,通过内部培训、交流研讨等方式,将先进的教育理念和教学方法在学校内部传播开来,从而全面提升学校的教育质量。

(三) 区域发展前景

1. 区域引领示范作用的发挥

虹口区的科技教育将在区域范围内发挥强大的引领示范作用。首先,在教育理念和教育模式方面,虹口区将成为周边地区学习的榜样。其倡导的多元化课程体系、创新的教学方法以及注重学生综合素养培养的教育理念将被周边地区借鉴和推广。例如,虹口区成功推行的STEM教育模式,周边地区的学校可以学习其课程设计思路、教学资源整合方法以及教师培训模式,将STEM教育融入自己的教学体系中。

在师资队伍建设方面,虹口区的经验也将具有很大的借鉴价值。其通过加大教师培训力度、建立科学的教师评价和激励机制等措施打造高素质师资队伍的做法,可以为周边地区提供有益的参考。周边地区可以学习虹口区如何组织教师培训活动,如何吸引和留住优秀人才,如何激发教师的工作积极性和创造力,从而提升自己的师资队伍水平。

在教育资源整合与共享方面,虹口区的模式也将对周边地区产生示范效应。例如,虹口区建立的教育资源共享平台,整合了教学课件、教案、教学视频等各类优质教育资源,周边地区可以仿照这种模式建立自己的资源共享平台,或者与虹口区的平台进行对接,从而实现更大范围的教育资源共享,缩小区域内的教育差距。

2. 全国科技教育展示平台的打造

虹口区将成为全国科技教育的重要窗口和展示平台,为国家的科技创新和教育改革贡献独特的力量。在科技教育成果展示方面,虹口区可以定期举办全国性的科技教育成果展览,展示区内学校的优秀科技作品、创新教学模式以及学生在科技竞赛中的优异成绩。这些成果将吸引全国各地的教育工作者、学生和家长前来参观学习,成为全国科技教育成果展示的重要场所。

在教育改革经验推广方面,虹口区可以通过举办全国性的教育改革研讨会、经验交流会等形式,将自己在科技教育改革过程中的成功经验,如课程体系改革、产教融合模式、教育资源共享机制等向全国推广。同时,虹口区还可以与其他地区开展教育帮扶合作,将自己的优质教育资源和教育模式输出到其他地区,帮助提升全国的科技教育水平。

在人才培养与输送方面,虹口区将为国家培养和输送大量具有创新精神和实践能力的科技人才。这些人才将分布在全国各地的科技领域,成为推动国家科技创新和进步的重要力量。例如,虹口区培养出的优秀科技人才可能在人工智能、生物医药、新能源等新兴产业中发挥关键作用,为我国在全球科技竞争中占据有利地位作出贡献。

二、科技育人新范式的完善与拓展蓝图

虹口区应继续深化科技教育改革,完善科技育人新范式,推动其不断拓展和升级。具体而言,可以从以下几个方面入手。

(一)构建多元化课程体系

1. STEM与STEAM课程的深度融合

虹口区应继续深入构建多元化的课程体系,其中STEM(科学、技术、工程、数学)和STEAM(科学、技术、工程、艺术、数学)课程模式的融合是重要方向。在课程内容设计上,要将科学原理与实际技术应用、工程设计过程、数学计算分析以及艺术的美学元素进行有机结合。例如,在设计一个桥梁建筑项目课程时,学生首先要学习物理学中的力学原理(科学),掌握建筑材料的性能和应用技术(技术),运用工程学的设计方法规划桥梁结构(工程),通过数学计算确定桥梁的承载能力和尺寸比例(数学),同时还要考虑桥梁的外观设计,融入艺术元素,如根据当地的文化特色和环境美学选择合适的造型和色彩(艺术)。

这种融合课程的教学过程将更加注重项目式学习和团队协作。学生以小组形式开展项目,每个成员根据自己的兴趣和特长承担不同的任务,如科学知识收集员、技术操作工程师、工程设计主导者、数学计算顾问和艺术创意设计师等。在项目实施过程中,学生们需要不断交流、协作,共同解决遇到的问题,如技术难题、设计冲突、数学计算误差等。通过这种方式,学生不仅能够提升跨学科的综合素养,还能培养团队协作能力、沟通能力和问题解决能力。

2. 个性化课程的定制

为满足不同学生的个性化需求,虹口区应进一步探索个性化课程的定制。利用现代教育技术手段,如学习分析系统、人工智能辅助教学平台等,深入了解每个学生的学习进度、兴趣爱好、优势学科和学习风格等信息。例如,对于对生物科学有浓厚兴趣且具有较强逻辑思维能力的学生,学校可以为其定制一套包括基因工程进阶课程、生物信息学基础课程、生物实验探究拓展课程等在内的个性化课程包。

个性化课程的教学方式也将更加灵活多样。除了传统的课堂教学外,还将结合线上

学习、实地考察、专家辅导等多种形式。例如,对于学习天文学的学生,可以安排线上观看天文台的实时观测视频,实地参观天文馆和天文台,邀请天文学家进行线上或线下的专题讲座和辅导等。通过个性化课程的定制,每个学生都能在自己感兴趣的领域深入学习,充分发挥自己的潜力,实现个性化的成长和发展。

(二)强化师资队伍建设

1. 教师培训要分层分类实施

虹口区在强化师资队伍建设过程中,应实施分层分类的教师培训模式。对于新入职的教师,培训重点应放在基本教学技能和学科知识的巩固上。例如,组织新教师参加教学基本功培训,包括教学设计、课堂管理、教学评价等方面的培训课程;开展学科知识强化班,由资深教师对新教师进行学科知识的梳理和难点解析。

对于有一定教学经验的教师,培训方向将转向教育创新方法和跨学科教学能力的提升。例如,举办创新教学方法工作坊,介绍和推广项目式学习、问题导向学习等新型教学方法,引导教师将这些方法应用到实际教学中;开展跨学科教学能力培训,帮助教师掌握如何将不同学科知识有机融合在一个教学单元或项目中,例如,在地理教学中融入历史、文化、生态等多学科知识。

对于骨干教师和学科带头人,培训内容将侧重于教育科研能力和教育领导力的培养。例如,组织骨干教师参加教育科研项目培训,指导他们如何开展教育教学研究,撰写高质量的教育科研论文;开展教育领导力培训课程,提升骨干教师在学校课程改革、教师团队建设和教育资源整合等方面的领导能力。

2. 教师成长激励机制的优化

虹口区应进一步优化教师成长激励机制,以激发教师的工作积极性和创造力。在物质激励方面,除了基本的工资待遇外,设立多种专项奖励基金。例如,设立教学创新奖,奖励在教学方法、课程设计等方面有重大创新的教师;设立科研成果奖,对在教育科研领域取得优秀成果的教师给予丰厚的奖金;设立学生成长贡献奖,表彰那些在学生综合素质提升方面有突出贡献的教师。

在精神激励方面,建立教师荣誉体系。例如,评选年度优秀教师、教育之星等荣誉称号,并举行隆重的颁奖典礼;在学校内部和区域内宣传优秀教师的先进事迹,提高教师的职业荣誉感和社会知名度;为优秀教师提供更多的发展机会,如推荐参加全国性的教育会议、担任教育改革项目的负责人等,让教师在精神上得到激励。

同时,优化教师职称评定和晋升机制。在职称评定标准中,更加注重教师的教学成果、科研能力和对学生成长的实际贡献。例如,降低论文发表数量的权重,增加教学效果评估、学生创新能力提升成果等方面的考量因素;建立职称评定的动态调整机制,根据教师的实际表现随时调整职称评定结果,激励教师不断提升自己的专业素养和教育教学水平。

(三) 促进产教深度融合

1. 产业需求导向的课程共建

虹口区应继续加强与产业界的合作,以产业需求为导向共建课程。首先,建立产业需求调研机制,定期组织学校教师和企业专家深入企业调研,了解企业在技术研发、人才需求等方面的最新动态。例如,在人工智能产业快速发展的背景下,调研企业对人工智能算法工程师、数据分析师、产品经理等不同岗位的技能要求和知识结构需求。

根据调研结果,学校和企业共同设计课程内容。例如,针对人工智能算法工程师岗位,课程将包括数学基础课程(如高等数学、线性代数、概率论等)、编程语言课程(如Python、Java等)、人工智能核心算法课程(如神经网络、深度学习算法等)以及实际项目案例分析课程等。在课程实施过程中,企业专家将参与部分课程的教学,如实际项目案例分析课程,企业专家可以分享自己在实际项目中的经验和遇到的问题,使学生更好地了解行业实际需求。

同时,建立课程反馈与调整机制。定期收集学生的学习反馈和企业对毕业生的使用反馈,根据反馈信息及时调整课程内容和教学方法。例如,如果企业反映毕业生在数据处理能力方面存在不足,学校可以在课程中增加与数据处理相关的实践课程或强化相关知识点的教学。

2. 企业资源与学校教育的深度整合

虹口区要实现企业资源与学校教育的深度整合,为学生提供更加真实且丰富的学习体验。在设备资源方面,企业将更多的先进生产设备、研发设备投入学校的实验室或实训基地。例如,机械制造企业将高精度数控机床、自动化生产线等设备捐赠或租赁给学校,供学生进行实践操作和学习。学校可以根据这些设备资源调整教学内容,增加与设备操作相关的课程,如数控机床编程与操作课程、自动化生产线运行与维护课程等。

在人力资源方面,企业派遣更多的专业技术人员和工程师到学校担任兼职教师、实习导师或项目顾问。兼职教师可以承担部分专业课程的教学任务,实习导师负责指导学生在企业的实习过程,项目顾问则参与学校的科研项目和学生创新项目的指导。例如,在电子信息工程专业的教学中,企业工程师可以教授电子电路设计、集成电路制造等课程;在学生的实习期间,实习导师可以根据企业的生产流程和岗位需求,为学生制订个性化的实习计划,指导学生完成实习任务;在学校的科研项目中,项目顾问可以提供行业前沿技术信息,协助教师和学生解决技术难题。

(四) 推动教育资源共享

1. 教育资源共享平台的全面升级

虹口区将大力推动教育资源共享平台的建设与发展,使其成为一个功能强大、资源丰富的教育生态系统。

在资源整合方面,除了传统的教学资料,如教学课件、教案、教学视频等,还将广泛整合在线课程、虚拟实验室、教育游戏等新兴教育资源。例如,与国内外知名在线教育平台合作,将其优质课程引入共享平台,按照学科、年级、难度等进行精细分类,让学生可以根据自己的学习需求和水平,轻松选择适合自己的课程进行学习。同时,引入虚拟实验室资源,学生通过网络即可进入虚拟实验室进行各种实验操作,如化学实验中的分子模型构建、物理实验中的电路模拟等,这种沉浸式的学习体验不仅能提高学生的实验操作能力,还能加深他们对科学现象的理解和掌握。此外,还将开发教育游戏资源,将知识学习与游戏的趣味性相结合,让学生在玩游戏的过程中不知不觉地提升学习能力和知识水平,如历史知识问答游戏、数学逻辑推理游戏等。

在互动交流功能方面,将对平台的论坛、在线问答等板块进行全面优化。增加更加丰富的话题分类,除了按照学科进行分类外,还将根据教学方法、教育政策、学习心得等不同维度进行分类,让教师和学生可以更有针对性地进行交流讨论。例如,教师可以在教学方法分类下发起关于某一特定教学方法的讨论,分享自己的教学经验和实践案例,其他教师可以参与讨论并提出自己的看法和建议;学生可以在学习心得分类下分享自己的学习体会和进步,互相鼓励和启发。同时,完善在线问答的智能推荐功能,根据问题的关键词自动推荐相关的答案和专家,提高问题的解决效率,让学生在遇到学习问题时能够及时得到有效的帮助。

此外,还将增加学习分析功能,通过对学生在平台上的学习行为数据进行深入分析,如学习时长、学习路径、作业完成情况、答题正确率等,为每个学生提供个性化的学习建议和学习计划。例如,若发现某学生在某一知识点上花费的时间较长但仍未掌握,平台可以为其推荐相关的辅导资源,如教学视频、在线课程、练习题等,或者提供学习方法改进的建议,例如,如何更有效地记忆知识点,如何提高解题能力等,从而帮助学生更好地进行自主学习和个性化发展。

2. 校际交流合作的全方位拓展

虹口区将积极拓展校际交流合作的范围和深度,以促进教育资源的均衡共享和优质教育的普及。

在深度方面,校际之间的交流合作将不再局限于表面的教学资源共享和教师交流,而是向课程共建、联合教研和联合培养学生等更为紧密和深入的方向发展。例如,几所学校可以共同携手,根据各自的优势学科和特色教学资源,合作开发一门独具特色的课程。每所学校可以承担课程的不同模块的开发任务,充分发挥各自的专业优势,然后将这些模块整合起来,形成一门相对完整的课程,并在各校之间共享。这样不仅可以让学生接触到更丰富多样的教学内容,还能促进各校教师之间的交流与合作,提升教师的课程开发能力和教学水平。同时,开展联合教研活动,针对教学中的难点问题、热点问题或前沿问题,组织各校教师共同进行研究和探讨,分享彼此的教学经验和教学成果,共同寻找解决问题的最佳途径和方法。此外,建立联合培养学生的机制,从区内学校开始,选拔优秀学生组成联合培养班,为这些学生提供更广阔的学习空间和更丰富的学习资源。联合培养班可以邀请不同学校的优秀教师授课,开设特色课程和拓展课程,让学生在多元的教育环境中成长和发展;还可以组织学生参加国内外的交流活动和竞赛,拓宽学生的国际视野和提升综合素质。

在广度方面,校际交流合作将不再局限于区内学校之间,而是积极拓展到与区外学校、国内外知名学校的交流合作。与国内其他发达地区的学校开展教育帮扶合作,将虹口区的优质教育资源输出到其他地区,帮助那些教育资源相对匮乏的学校提升教学水平和教育质量。同时,通过与这些学校的交流合作,虹口区的学校也可以学习到其他地区的先进教育经验和教学模式,拓宽自身的教育视野和思路。此外,与国外知名学校建立友好合作关系,开展师生互访、课程交流、科研合作等活动,让学生能够直接接触到国际先进的教育理念和教学方法,培养学生的国际交流能力和跨文化素养。通过这些校际交流合作,虹口区将在更大范围内推动教育资源的共享与均衡发展,为学生的成长和发展创造更有利的条件。

(五)拓展国际合作与交流

1. 国际教育合作项目的多样化开展

虹口区将积极拓展与国际的教育合作,大力开展多样化的国际教育合作项目。

一方面,与国际知名高校建立长期的合作关系,开展学生交流项目。例如,选拔优秀的高中生到国外高校进行为期一学期或一学年的学习交流,让他们亲身感受国外的教育氛围和文化差异,拓宽国际视野。在交流过程中,学生可以选修国外高校的特色课程,与当地学生一起上课、参与课堂讨论,深入了解国外的学科前沿和教学方法。同时,国外高校的教师也可以到虹口区的学校进行短期讲学,为学生带来国际前沿的知识和理念。

另一方面,与国际教育机构合作开展国际课程引进项目。引进如国际文凭课程(IB)、剑桥国际课程等国际认可的课程体系,在虹口区的学校中设立国际课程班。这些国际课程注重培养学生的综合素养和全球视野,采用国际化的教学方法和评估标准。学生在学习国际课程的过程中,不仅能够掌握扎实的学科知识,还能提高英语水平、跨文化交流能力和国际理解能力。同时,学校也可以组织教师参加国际课程的培训和认证,提升教师的教学水平和专业素养,为国际课程的顺利实施提供保障。

2. 国际教育交流活动的丰富与深化

虹口区将不断丰富和深化国际教育交流活动,为师生提供更多与国际接轨的交流机会。

举办国际教育论坛,邀请国内外教育专家、学者、校长等参与,围绕国际教育趋势、教育改革经验、跨文化教育等主题进行深入探讨和交流。通过论坛,让虹口区的教育工作者了解国际教育的最新动态和发展趋势,借鉴国际先进的教育理念和经验,为虹口区的教育改革和发展提供有益的参考。

组织国际教育考察团,带领教师和学生到国外的学校、教育机构进行实地考察和学习。考察团可以参观国外学校的校园、教学设施、实验室等,了解国外学校的教育管理、教学模式、课程设置等方面的情况。同时,与国外的学校和教育机构进行交流互动,探讨合作办学的可能性,为虹口区的学校与国外学校建立长期的合作关系打下基础。

开展国际文化交流活动,如国际文化节、国际学生文艺会演等。学生通过参与这些活动,可以了解不同国家和地区的文化特色、风俗习惯、艺术表现等,增进对不同文化的理解和尊重。在活动中,学生可以展示自己的文化才艺,与国外学生进行文化交流和互动,培养学生的跨文化交际能力和全球意识。

3. 国际教育合作师资的引进与培养

虹口区将注重引进国际教育合作师资,提升学校的国际化教育水平。通过招聘具有国际教育背景和教学经验的外籍教师,为学校的国际课程教学和国际交流活动提供支持。外籍教师可以带来不同的教学方法、文化视角和教育理念,丰富学校的教学资源,激发学生的学习兴趣和创新思维。同时,鼓励本校教师参加国际教育培训和交流活动,提升教师的国际化素养和教学能力。学校可以选派教师到国外高校进行访学、参加国际学术会议等,让教师接触到国际先进的教育理念和教学方法,学习国外优秀教师的教学经验和技巧。此外,还可以邀请国际教育专家到学校进行讲学和指导,为教师提供专业的培训和咨询服务,帮助教师不断提升自己的教学水平和专业素养。通过引进和培养国际教育合作师资,虹口区将为学生提供更加优质的国际化教育服务,培养具有国际视野和竞争力的优秀人才。

综上所述,虹口区在科技教育新范式的探索与实践过程中取得了显著成效,但也面临着诸多挑战。未来,虹口区应继续深化科技教育改革,完善科技育人新范式,推动其不断拓展和升级。通过构建多元化课程体系、强化师资队伍建设、促进产教深度融合、推动教育资源共享及拓展国际合作与交流等措施,虹口区将为国家的科技创新和教育改革贡献更大的力量。

第八章
总结升华，传播新范式经验

虹口区在科技教育领域的探索与实践，不仅为区域青少年科技素养的提升奠定了坚实的基础，也为全国范围内的科技教育改革提供了宝贵的经验与启示。

第一节 经验系统总结

一、理念引领：科技教育的新视角

虹口区科技教育的成功，首先得益于其前瞻性的教育理念。在"教育、科技、人才是全面建设社会主义现代化国家的基础性、战略性支撑"这一宏观的时代背景指引下，虹口区教育局深刻认识到科技教育的重要性，将科技教育视为提升区域教育质量、培养创新人才的关键途径。这一理念的确立并非偶然，而是基于对全球教育发展趋势以及区域教育发展需求的深入研究和准确判断。

在当今全球化的知识经济时代，科技的创新与发展日新月异，科技创新能力已经成为国家和地区竞争力的核心要素。虹口区教育局敏锐地捕捉到这一趋势，意识到教育必须紧跟时代步伐，为培养适应未来社会需求的创新人才奠定基础。科技教育作为连接教育与科技的桥梁，能够有效地将科学知识、技术技能和创新思维融入学生的学习过程中，从而提高学生的综合素质和创新能力。这种理念的前瞻性在于它不仅仅关注当前的教育成果，更是着眼于区域未来的发展需求，旨在为虹口区在激烈的区域竞争中培育具有科技创新潜力的人才。

虹口区教育局在推进科技教育过程中，始终坚持"面向人人、全面发展"的教育理念，强调科技教育不仅仅是培养少数科技精英，还要惠及全体学生，让每个学生都能在科技学习中找到乐趣,提升科学素养。这一理念在实际操作中得到了充分体现,如通过开展丰富多彩的科技活动、建立科学教育实践基地等举措,确保每位学生都能参与科技学习。

为了让科技教育覆盖全体学生,虹口区教育局制订了详细的实施计划。在学校层面,要求各中小学将科技教育纳入常规课程体系,保证每周都有固定的科技教育课时。这些课程不仅仅是理论知识的传授,更注重学生的实践体验。例如,在小学阶段,会安排简单有趣的科学小实验课程,如"会跳舞的盐""神奇的彩虹桥"等,让学生们在亲身体验中感受科学的神奇,激发他们对科学的好奇心。中学阶段则会结合物理、化学、生物等学科知识,开展更具挑战性的实践项目,如简易机器人制作、植物组织培养等。

建立科学教育实践基地是虹口区实现科技教育普及的另一重要举措。这些实践基地涵盖了多个领域,包括科技馆、自然博物馆、科研院所的实验室等。学校会定期组织学生到这些实践基地进行参观学习和实践操作。在科技馆里,学生们可以亲身体验各种高科技展品,了解科学原理在实际生活中的应用;在自然博物馆,他们可以观察动植物标本,探索生命的奥秘;在科研院所的实验室,学生们有机会在科学家的指导下进行一些简单的科学实验,感受科学研究的严谨性。通过这些丰富多样的活动和基地建设,虹口区成功地将科技教育的触角延伸到了每一位学生,真正实现了科技教育的全面覆盖。

二、实践创新:科技教育的新模式

虹口区在科技教育实践中的创新,是其成功的关键所在。通过构建多元化、开放性的科技教育课程体系,虹口区实现了科技教育与学校教育的深度融合。

(一)课程体系创新

虹口区科技教育中心在课程体系建设上进行了大胆尝试,形成了涵盖基础科学、工程技术、创新实践等多个领域的课程体系。这一课程体系的构建是经过深思熟虑和广泛调研的结果。

在基础科学领域,课程涵盖了物理学、化学、生物学、地理学等传统学科,但又不仅仅局限于教材内容。例如,在物理课程中,除了教授基本的力学、电学、光学等知识外,还会引入一些现代物理学的前沿概念,如量子力学的简单现象解释,让学生对科学的发展有更宏观的认识。化学课程中,会结合生活中的化学现象,如食品添加剂、化妆品成分等,让学生了解化学在日常生活中的广泛应用。

工程技术领域的课程则注重培养学生的动手能力和工程思维。从简单的木工、金工基础技能培训开始,逐步引导学生学习电子电路制作、3D打印技术、机器人编程等现代工程技术。例如,在电子电路制作课程中,学生们从学习基本的电路元件识别和焊接技术开始,逐步制作出简单的电子作品,如发光二极管电路、简易收音机等。通过这些实践项目,学生们不仅掌握了工程技术知识,还培养了解决实际问题的能力。

创新实践领域的课程更是虹口区科技教育课程体系的一大亮点。这些课程鼓励学生发挥自己的想象力和创造力,提出独特的想法并将其转化为实际项目。例如,开设创意设计课程,学生们可以自由选择主题,如设计一款未来的交通工具或者一个智能家居系统。在课程中,他们需要进行市场调研、需求分析、方案设计、模型制作等一系列环节,就像真正的产品设计师一样。此外,还有科技创新竞赛类课程,为学生提供参加各类科技竞赛的指导和训练,让他们在竞赛中锻炼自己的创新能力和团队协作能力。

这一课程体系不仅注重知识的传授,更强调能力的培养和素质的提升。通过引入项目式学习、探究式学习等先进教学方法,激发学生的学习兴趣和创新能力。

项目式学习是虹口区科技教育课程中常用的教学方法之一。以一个"校园绿色能源解决方案"的项目为例,学生们首先要明确项目的目标,即如何利用绿色能源解决校园的部分能源需求。然后,他们需要组成小组,进行分工合作。有的小组负责对校园的能源消耗情况进行调研,包括教学楼、办公楼、操场等不同区域的用电、用水情况;有的小组则研究各种绿色能源的可行性,如太阳能、风能、水能等;还有的小组负责设计能源转换和储存系统。在这个过程中,学生们需要运用到多学科的知识,如物理学中的能量转换原理、地理学中的气候和地形对能源的影响、工程学中的系统设计等。通过这种项目式学习,学生们不仅学到了知识,更重要的是培养了团队合作能力、问题解决能力和创新思维。

探究式学习也是课程体系中的重要教学方法之一。在生物课程的"植物生长与环境因素的关系"探究项目中,学生们可以自主选择感兴趣的环境因素,如光照、温度、水分等。他们需要设计实验方案,控制变量,观察和记录植物在不同环境条件下的生长情况,并分析数据得出结论。这种探究式学习方法让学生们从被动接受知识转变为主动探索知识,培养了他们的科学探究精神和严谨的科学态度。

(二) 教学模式创新

虹口区科技教育中心积极探索线上线下相结合的教学模式,充分利用现代信息技术手段,打破时间和空间的限制,为学生提供更加便捷、高效的学习体验。

在线上教学方面,虹口区开发了专门的科技教育在线平台。这个平台整合了丰富的教学资源,包括各种科技课程的视频教程、电子教材、在线测试题等。例如,对于一些难以在课堂上详细演示的实验,如微观生物结构观察、复杂的化学实验反应过程等,平台提供了高清的实验视频,学生们可以随时观看,反复学习。同时,平台还设有在线讨论区,学生们可以在这里与教师和其他同学进行交流互动,分享自己的学习心得和遇到的问题。教师也可以通过平台发布作业、批改作业,并对学生的学习情况进行实时监控和反馈。

线下教学则注重实践操作和面对面的指导。在学校的实验室、工作坊等场所,教师可以根据学生的实际情况进行个性化的教学指导。例如,在机器人编程课程的线下教学中,教师可以直接观察学生的编程操作过程,及时发现并纠正学生的错误代码,还可以根据学生的创意和想法给予针对性的建议,帮助他们优化机器人的功能和表现。

同时,中心还注重家校合作,鼓励家长参与孩子的科技学习过程,共同促进孩子的全面发展。

为了加强家校合作,虹口区科技教育中心开展了一系列活动。例如,举办家长科技教育讲座,邀请教育专家和科技工作者为家长讲解科技教育的重要性和方法,让家长了解孩子在科技学习中的需求和发展方向。此外,还组织家长与孩子共同参与科技项目,如家庭科技小发明比赛、亲子科技创意活动等。在家庭科技小发明比赛中,家长和孩子可以一起发挥创意,利用日常生活中的材料制作出具有一定实用价值的小发明,如自制简易的垃圾分类装置、家庭节水装置等。这些活动不仅增进了家长与孩子之间的感情,还让家长更好地参与孩子的科技教育过程,形成了家校共育的良好氛围。

(三)评价机制创新

虹口区科技教育中心建立了多元化的评价机制,不仅关注学生的学业成绩,更重视学生的创新能力、实践能力和团队合作能力等多方面的评价。通过设立科技创新奖、优秀科技作品评选等活动,激发学生的创新热情和实践动力。

在学业成绩评价方面,虹口区摒弃了传统的单一考试评价方式,而是采用了综合评价体系。除了定期的书面考试外,还增加了实验操作考核、项目作业评价等内容。例如,在物理课程的评价中,书面考试只占总成绩的60%,实验操作考核占30%,项目作业评价占10%。实验操作考核要求学生在规定时间内完成指定的实验操作,并准确记录实验数据以及得出结论;项目作业评价则根据学生在项目式学习中的表现,包括项目的设计思路、团队协作情况、最终成果展示等方面进行评价。

对于学生的创新能力评价,虹口区科技教育中心设立了专门的创新能力测评指标。这些指标包括创新思维的表现(如提出独特的问题、独特的解决方案等)、创新成果的质量(如科技作品的创新性、实用性等)、创新过程中的努力程度(如对创新项目的投入时间、克服困难的毅力等)。通过对这些指标的综合评估,来衡量学生的创新能力。

实践能力评价则主要依据学生在实践项目中的表现。例如,在机器人制作项目中,评价学生的实践能力包括机器人的制作工艺、功能实现情况、故障排除能力等方面。团队合作能力评价则注重学生在团队项目中的角色担当、沟通协作能力、团队凝聚力等方面的表现。

通过设立科技创新奖、优秀科技作品评选等活动,激发学生的创新热情和实践动力。科技创新奖每年评选一次,分为不同的级别和类别,如最佳科技创新项目奖、最具潜力创新人才奖等。优秀科技作品评选活动则面向全体学生,鼓励他们将自己的科技创意和成果以作品的形式展示出来,如科技小发明、科学小论文、科技创意绘画等。这些活动为学生提供了展示自己的平台,同时也给予了他们充分的认可和激励,让他们在科技学习中更有动力和成就感。

三、资源整合：科技教育的新支撑

虹口区在科技教育领域的成功，还得益于其强大的资源整合能力。通过整合校内外各种资源，虹口区为科技教育的发展提供了有力支撑。

（一）校内外资源整合

虹口区教育局积极与高校、科研院所、科技企业等建立合作关系，共同推动科技教育的发展。

与高校的合作形式多样。高校的优质课程资源被引入虹口区的中小学科技教育中。例如，某高校的计算机科学系为虹口区的中学提供了人工智能入门课程资源，包括课程大纲、教学课件、实验案例等。高校教师也会定期到中小学进行讲学，他们带来了高校前沿的学术研究成果和先进的教学理念。比如，一位大学教授到虹口区的高中讲解人工智能在医疗影像诊断中的应用，让中学生们对人工智能的实际应用有了更直观的了解。

科研院所也是虹口区科技教育资源整合的重要伙伴。虹口区教育局与多家科研院所签订合作协议，邀请专家进校讲座。这些专家来自不同的科研领域，如物理研究所的专家会为学生讲解宇宙物理的奥秘，生物医学研究所的专家会介绍基因编辑技术的发展与应用等。此外，还组织学生参观科研院所的实验室，让学生亲身体验科学研究的氛围和过程。例如，学生到化学研究所的实验室，观看科研人员进行复杂的化学合成实验，了解到化学研究的严谨性和创新性。

科技企业在虹口区的科技教育资源整合中也发挥着重要作用。通过与科技企业合作，组织学生参观科技企业的生产车间、研发中心等。在一家电子科技企业，学生们可以看到先进的电子产品生产流水线，了解电子产品从设计、生产到测试的全过程。同时，科技企业还为虹口区的学校提供实习机会和技术支持。例如，某软件企业为虹口区的信息技术课程提供了软件编程实践平台，并派遣工程师到学校进行技术指导，帮助学生更好地掌握编程技术。

（二）硬件设施建设

虹口区科技教育中心投入大量资金用于硬件设施建设，包括实验室建设、教学设备更新等。

在实验室建设方面，根据不同的学科和课程需求，建设了多个专业实验室。例如，物理实验室配备了先进的力学、电学、光学实验仪器，如高精度电子天平、多功能显示器、激光光学演示仪等。化学实验室则拥有完善的化学实验设备，包括各种规格的玻璃仪器、精密的化学分析仪器等。生物实验室不仅有常规的显微镜、培养箱等设备，还引进了基因测序仪等高端仪器，为学生开展生物科学研究提供了可能。

教学设备更新也是硬件设施建设的重要内容。虹口区积极引进现代教学设备，如多媒体互动教学系统、3D打印机、智能机器人套件等。多媒体互动教学系统改变了传统的教学方式,教师可以通过触摸屏幕、互动课件等方式进行更加生动、直观的教学。3D打印机让学生们可以将自己的创意设计转化为实体模型,在工程技术和创意设计课程中发挥了重要作用。智能机器人套件则为机器人编程课程提供了硬件支持,学生们可以根据自己的想法组装和编程机器人,进行各种功能测试和竞赛。

这些设施的完善为学生提供了良好的学习环境和实验条件,有效提升了科技教育的质量和效果。例如,在物理实验课上,学生们使用高精度电子天平可以更准确地测量物体质量,从而更好地理解质量的概念和测量方法;在创意设计课程中,3D打印机让学生们能够快速将自己的设计理念转化为实物,及时发现设计中的问题并进行改进,提高了他们的创新实践能力。

(三) 师资队伍建设

虹口区教育局高度重视师资队伍建设,通过引进优秀人才、加强教师培训等方式,不断提升师资队伍的整体素质和教学水平。

在引进优秀人才方面,虹口区面向全国招聘具有科技教育背景和丰富教学经验的教师。这些教师不仅在专业知识方面具有深厚的造诣,而且在教学方法和教育理念上也具有先进性。例如,招聘了一些在机器人编程、人工智能教育等领域有专长的教师,他们为虹口区的科技教育带来了新的活力和理念。

加强教师培训是提升师资队伍素质的重要举措。虹口区定期组织教师参加各种培训活动,包括学科知识培训、教学方法培训、教育技术培训等。学科知识培训邀请高校专家和科研人员为教师讲解最新的学科发展动态和前沿知识,如量子物理、基因编辑技术等。教学方法培训则注重引进国内外先进的教学方法,如项目式学习、探究式学习等教学方法的培训,让教师能够更好地应用这些方法进行科技教育教学。教育技术培训主要针对现代教学设备的使用和信息化教学手段的掌握,如多媒体互动教学系统、3D打印机、在线教学平台等的使用培训。

同时,还鼓励教师积极参与科研活动和学术交流,提升自身的专业素养和创新能力。教师参与科研活动可以让他们紧跟学科发展前沿,将科研成果转化为教学内容。例如,一位生物教师参与了植物基因编辑的科研项目后,将相关的科研成果引入生物课程教学中,为学生讲解基因编辑技术在植物育种中的应用,使教学内容更加新颖、实用。学术交流活动则为教师提供了与同行交流经验、分享教学成果的机会,如参加全国性的科技教育学术研讨会,教师们可以了解到其他地区的科技教育经验和发展趋势,从而不断改进自己的教学工作。

四、新范式构建的关键要素与创新点

在虹口区科技教育新范式的构建过程中,以下几个关键要素与创新点显得尤为重要,它们共同推动着虹口区科技教育的持续发展与创新。

(一)教育理念的创新

虹口区科技教育始终坚定不移地秉持着"面向人人、全面发展"的教育理念,这一理念的创新如同灯塔,为科技教育的发展照亮了前行的道路,提供了强大的动力源泉。

传统的科技教育模式往往倾向于选拔少数在科技领域具有天赋的学生进行重点培养,将大部分学生置于科技教育的边缘。而虹口区的这一创新理念彻底打破了这种精英教育的固有模式,将科技教育的关怀与机会平等地赋予每一位学生。无论学生的基础水平如何,无论他们最初对科技的兴趣强弱,都能在这一理念的引领下,踏入科技教育的大门,感受到科技的魅力与力量。

同时,"全面发展"这一要求如同星辰指引,促使科技教育不再仅仅局限于学生科技知识和技能的单一培养,而是更加注重学生科学素养的全方位提升。科学素养涵盖了对科学知识的理解、对科学方法的掌握、对科学精神的追求以及对科学与社会关系的认识等多个层面。通过科技教育,学生不仅要学会运用科学知识解决实际问题,更要培养创新能力、实践能力、团队合作能力等多方面的综合素质。这种全面发展的理念引导着虹口区科技教育的每一个环节,从课程体系的精心设计到教学方法的灵活运用,从评价机制的科学构建到实践活动的广泛开展,都紧密围绕着全面发展的目标进行全方位的布局与推进,使得每一位学生都能在科技教育的滋养下,茁壮成长为具有综合素养的新时代人才。

(二)课程体系的完善

虹口区科技教育中心精心构建了多元化、开放性的课程体系,这一体系宛如一座坚实的大厦,为学生提供了全面而系统的科技学习体验。

多元化体现在课程内容的丰富多样上,涵盖了基础科学、工程技术、创新实践等多个广阔的领域。基础科学课程如同大厦的根基,为学生打下坚实深厚的科学知识基础,让学生在物理学的神秘世界中探索物质的本质,在化学的奇妙变化中领略元素的奥秘,在生物学的生命奇迹中感悟生命的真谛。工程技术课程则如同大厦的支柱,着力培养学生的动手能力和工程思维,让学生通过实际操作掌握各种工具和技术,学会将科学原理转化为实际的工程设计与制作,如从简单的木工工艺到复杂的电子电路制作,从基础的机械组装到先进的 3D 打印技术应用,逐步提升学生的工程实践能力。创新实践课程犹如大厦的璀璨屋顶,充分激发学生的创造力和创新精神,让学生敢于突破常规,勇于提出独特的想法和解决方案,如在创意设计课程中,学生可以自由发挥想象,设计出未来的交通工具、智能家居系统等,在科技创新竞赛类课程中,学生们组队参赛,在激烈的竞争中锻炼创新能力和团队协作能力。

开放性则体现在课程体系的动态调整与优化上。随着时代的飞速发展和科技的不断进步,课程体系不是一成不变的僵化模式,而是如同一个充满活力的生命体,根据时代的需求和学生的反馈不断进行自我更新与完善。例如,当人工智能技术如雨后春笋般迅速崛起时,虹口区的科技教育课程体系能够敏锐地捕捉到这一趋势,及时将人工智能相关的课程内容纳入其中,如人工智能编程基础、人工智能在医疗影像诊断中的应用、人工智能在智能家居中的创新实践等,让学生能够紧跟科技发展的前沿步伐,接触到最先进的科技知识和应用。同时,课程体系还鼓励学生跨学科学习,打破学科之间的壁垒,使不同领域的课程相互渗透、相互融合。比如在一个环保科技项目中,学生需要运用化学知识来分析污染物的成分和性质,运用生物学知识来研究生态系统的平衡与破坏,运用工程学知识来设计和制造环保治理设备,这种跨学科的学习体验就像搭建起了一座知识的桥梁,让学生能够在不同学科的交汇点上,挖掘出更多的创新潜力和解决问题的思路,为他们未来在复杂多变的社会环境中应对各种挑战奠定坚实的基础。

(三) 教学模式的变革

虹口区科技教育中心积极探索并推行线上线下相结合的教学模式,这一教学模式的变革犹如一场教育的革命,为学生带来了前所未有的便捷与高效的学习体验。

在线上教学方面,中心搭建了专门的科技教育在线平台,这个平台就像一个知识的宝库,整合了海量丰富的教学资源。这里有各种科技课程的高清视频教程,如同一位位无声的导师,为学生详细讲解每一个知识点和实验操作;有生动形象的电子教材,让学生可以随时随地进行阅读和学习;还有多样化的在线测试题,帮助学生及时检测自己的学习成果,发现不足之处并加以改进。例如,对于一些微观世界的科学现象或者复杂的化学实验反应过程,在线平台提供的高清实验视频就像一扇通往微观世界的窗户,让学生能够清晰地观察到实验的细节和过程,帮助他们更好地理解科学原理。同时,在线讨论区就像一个热闹的学术交流场所,学生可以在这里与教师和其他同学进行实时的交流互动,分享自己的学习心得、提出疑问和困惑,教师也可以及时给予指导和解答,促进学生之间的思想碰撞和知识共享。

线下教学则注重实践操作和面对面的指导,这是科技教育中不可或缺的重要环节。在学校的实验室、工作坊等场所,教师可以直接观察学生的学习状态和操作过程,给予个性化的指导和反馈。比如,在机器人编程课程的线下教学中,教师可以亲自走到学生身边,观察他们的编程代码,及时发现并纠正错误,引导学生优化程序结构和功能实现。同时,教师还可以根据学生的创意和想法,给予针对性的建议和启发,帮助学生拓展思维空间,提升创新能力。这种面对面的指导能够让教师更好地了解学生的学习情况和需求,因材施教,提高教学效果。

(四) 资源整合与利用

虹口区教育局以强大的资源整合能力为科技教育的发展提供了坚实的支撑,这一资源整合与利用的过程就像一场精心策划的资源交响乐,奏响了科技教育蓬勃发展的乐章。

校内外资源的整合是这一交响乐的主旋律。虹口区教育局积极与高校、科研院所、科技企业等建立起紧密的合作关系,如同搭建起了一座连接学校与社会的桥梁。与高校的合作形式多样而富有成效,高校的优质课程资源如同一股清泉,源源不断地注入虹口区的中小学科技教育中,为学生提供了更广阔的知识视野和更高层次的学习资源。高校教师犹如经验丰富的导游,定期到中小学进行讲学,将高校前沿的学术研究成果和先进的教学理念带入课堂中,让学生们能够近距离接触到科学研究的魅力和活力。科研院所则是科技教育的重要实践基地,专家们的进校讲座就像一场场知识的盛宴,让学生们在聆听中拓宽思维边界,了解到不同科研领域的最新进展和应用。同时,组织学生参观科研院所的实验室,让他们亲身感受科学研究的严谨性和创新性,激发他们对科学的探索欲望。

科技企业在资源整合中也发挥着不可替代的作用,就像科技教育的助推器。通过与科技企业的合作,组织学生参观企业的生产车间、研发中心等,让学生们看到科技在实际生产中的应用场景,了解到科技企业的创新文化和发展历程。企业为学校提供的实习机会和技术支持则如同一双双有力的翅膀,让学生在实践中锻炼能力、增长见识。例如,某软件企业为虹口区的信息技术课程提供了先进的软件编程实践平台,并派遣专业工程师到学校进行技术指导,让学生在实际操作中掌握编程技术的应用技巧,为他们未来的职业发展打下坚实的基础。

第二节 经验推广辐射

虹口区在科技教育领域的成功经验对其他地区具有重要的借鉴价值和推广意义。在当今教育发展的大背景下,各地区都在积极探索适合自身的科技教育发展路径,虹口区的探索实践犹如一簇篝火,虽然规模有限,却也努力燃烧,希望能为其他地区带来一丝温暖的启示。

一、借鉴价值分析

(一)教育理念的借鉴价值

虹口区坚持"面向人人、全面发展"的教育理念,这一理念为其他地区的科技教育提供了根本性的方向指引。在传统的教育模式下,科技教育往往被视为少数精英学生的专属领域,大多数学生被忽视,这种教育模式存在着严重的局限性。而虹口区的这一理念打破了这种固有格局,将科技教育的受众扩展到全体学生,具有深远的意义。

从教育公平性的角度来看,每个学生都有权利接受科技教育,这有助于缩小不同学生群体之间在科技素养方面的差距。例如,在一些偏远地区或教育资源相对匮乏的地区,往往只有成绩优异的学生才有机会参与一些简单的科技活动,而普通学生则被排除在外。虹口区的理念强调"面向人人",这意味着无论学生身处何种环境、具有何种基础,都应当被纳入科技教育的体系之中。这种理念的推广将促使其他地区重新审视自己的教育公平性问题,推动科技教育资源更加均衡地分配。

"全面发展"这一理念在科技教育中的体现更为多元。科技教育不再仅仅是关于科学知识和技术技能的传授,而是涵盖了科学思维、创新能力、实践能力、团队协作能力以及对科学与社会关系的理解等多个维度。例如,在科学思维方面,学生需要学会用科学的方法去观察、分析和解决问题。虹口区的学校在科技教育课程中,会引导学生从生活中的现象出发,提出假设,进行实验验证,最后得出结论,这种培养方式有助于提高学生的逻辑思维能力和批判性思维能力。在创新能力方面,虹口区鼓励学生打破常规,提出独特的见解和解决方案。这不仅仅体现在课堂上的讨论和项目式学习中,还体现在各种科技竞赛和课外活动中。其他地区借鉴这一理念,可以改变传统科技教育中重知识轻能力的状况,使学生在科技教育中获得更全面的成长。

(二) 课程体系建设的借鉴价值

虹口区精心构建的多元化、开放性的课程体系为其他地区提供了可借鉴的范例。

其多元化的课程内容设置涵盖了基础科学、工程技术、创新实践等多个领域,这种丰富性为学生提供了全面的科技学习体验。基础科学课程为学生奠定了扎实的知识基础,如物理学中的力学、电学、光学等知识,化学中的元素周期律、化学反应原理等内容,生物学中的细胞结构、遗传规律等知识点,这些都是学生理解科学世界的基石。对于其他地区来说,构建类似的基础科学课程体系,可以确保学生在科技知识的掌握上有一个系统而全面的起点。

工程技术课程方面,虹口区注重培养学生的动手能力和工程思维。从简单的手工制作到复杂的电子电路设计,从传统的机械加工到现代的3D打印技术应用,学生在这些课程中能够亲身体验将科学原理转化为实际产品的过程。这对于其他地区的启示在于,工程技术课程不应仅仅停留在理论讲解上,而应让学生在实践中掌握技术,培养解决实际问题的能力。例如,一些以制造业为主的地区,可以借鉴虹口区的经验,将本地的工业技术融入课程中,让学生了解本地产业的技术需求和发展方向,为未来的职业发展做好准备。

创新实践课程是虹口区课程体系中的亮点。在这些课程中,学生能够充分发挥自己的创造力,如在创意设计课程中,学生可以自由想象未来的城市交通、智能家居等场景,并将自己的想法通过设计方案呈现出来。在科技创新竞赛类课程中,学生们以团队形式参与竞赛,这不仅锻炼了他们的创新能力,还培养了团队协作精神。其他地区可以学习虹口区的这种课程设置模式,鼓励学生参与创新实践活动,激发学生的创新潜力,营造创新的教育氛围。

虹口区课程体系的开放性也具有很高的借鉴价值。随着科技的飞速发展,课程内容需要不断更新以适应时代的需求。虹口区能够及时将新兴科技纳入课程体系,如人工智能、区块链、量子计算等前沿技术。例如,当人工智能技术兴起时,虹口区的学校迅速开设了"人工智能编程基础""人工智能在医疗影像诊断中的应用""人工智能在智能家居中的创新实践"等课程。这种对新兴科技的敏锐捕捉能力,促使其他地区认识到课程体系不能僵化不变,而应保持动态调整。同时,虹口区课程体系鼓励跨学科学习,这为其他地区解决学科分割过细、学生综合运用知识能力不足等问题提供了思路。

(三)教学模式变革的借鉴价值

虹口区积极探索并推行的线上线下相结合的教学模式,为其他地区带来了全新的教学思路。

线上教学方面,虹口区搭建的专门科技教育在线平台整合了海量的教学资源,这是一种非常高效的资源整合方式。在这个平台上,高清视频教程成为学生自主学习的重要资源。例如,对于一些复杂的科学实验,如化学中的有机合成实验或者物理中的量子物理现象演示实验,视频教程能够以清晰、直观的方式展示实验的每一个步骤和细节,这有助于学生在没有实际操作条件的情况下,也能深入理解实验原理。电子教材的存在让学生可以根据自己的学习进度随时随地进行阅读学习,打破了传统纸质教材在时间和空间上的限制。在线测试题则能够及时反馈学生的学习效果,让学生了解自己的知识掌握情况,便于有针对性地进行复习和强化学习。

在线讨论区是线上教学模式中的一个重要互动环节。在这里,学生可以与教师和其他同学进行实时交流。例如,在讨论一个关于环境保护的科技项目时,学生们可以分享自己从不同渠道收集到的信息,如关于新能源开发的最新研究成果、环境监测的新技术等。教师也可以参与其中,对学生的观点进行点评和引导。这种互动方式不仅能够加深学生对知识的理解,还能培养学生的交流能力和团队协作能力。这种线上教学模式对于其他地区的意义在于,它可以弥补一些地区教育资源分布不均的问题,让偏远地区的学生也能享受到优质的科技教育资源。

线下教学注重实践操作和面对面指导,这是科技教育不可或缺的环节。在虹口区的学校,实验室、工作坊等场所成为学生实践的重要场地。以机器人编程课程为例,教师在线下教学过程中能够直接观察学生的编程过程,发现学生代码中的逻辑错误或者算法优化点。教师可以根据学生的创意和想法给予针对性的建议,比如在机器人功能设计方面,教师可以引导学生从不同角度思考如何实现更复杂、更实用的功能。这种面对面的指导能够更好地满足学生的个性化学习需求,提高教学效果。其他地区可以借鉴这种线上线下相结合的教学模式,根据本地的教育资源和学生特点,合理分配线上线下教学的比重,优化教学过程。

(四)资源整合利用的借鉴价值

虹口区在资源整合利用方面的成功经验为其他地区提供了有益的启示。

虹口区教育局整合校内外资源,构建了一个协同发展的科技教育资源体系。在校内资源整合方面,学校充分挖掘自身的师资、设备等资源潜力。例如,学校的实验室设备在课余时间被充分利用起来,为有兴趣的学生提供更多的实验机会。教师的专业知识和技能也得到了充分发挥,不同学科教师之间开展跨学科教学合作,如物理教师和信息技术教师合作开展智能硬件开发课程,让学生在综合运用知识的过程中提高解决实际问题的能力。

虹口区在校外资源整合方面更是取得了显著成效。与高校、科研院所、科技企业建立紧密的合作关系,为科技教育注入了强大的外部动力。

与高校的合作模式多样且深入。高校的优质课程资源向中小学流动,拓宽了学生的知识视野。例如,高校的物理学前沿讲座可以让中学生了解到相对论、量子力学等前沿理论的最新研究进展,激发学生对科学研究的兴趣。高校教师到中小学讲学,不仅传授了专业知识,还带来了先进的教学方法和教育理念。比如,高校教师在讲解数学建模时,会采用案例式教学方法,引导学生从实际生活中的问题出发,建立数学模型,这种教学方法能够提高学生的数学应用能力和创新思维能力。

科研院所成为虹口区科技教育的重要实践基地。专家进校讲座为学生打开了科学研究的大门,让学生了解到不同科研领域的最新动态。例如,科研院所的生物学家进校讲解基因编辑技术的应用前景和伦理问题,使学生对生物技术的前沿发展有了更深入的认识。组织学生参观科研院所的实验室,让学生亲身感受科学研究的严谨性和创新性。在参观过程中,学生可以看到科研人员如何进行实验操作、如何分析数据,这种直观的体验能够激发学生对科学的热爱和探索欲望。

科技企业在虹口区的资源整合中发挥了不可替代的作用。企业为学校提供实习机会,让学生在真实的工作环境中锻炼能力。例如,某科技企业为虹口区的学生提供了软件开发实习岗位,学生在实习过程中不仅学会了软件开发的流程和技术,还了解了企业的文化和管理模式。企业还为学校提供技术支持,如某电子企业为学校的电子电路课程提供了先进的实验设备和技术指导,提高了课程的教学质量。这种校内外资源整合的模式对于其他地区来说,是一种可借鉴的资源优化配置方式,可以有效提升科技教育的质量和水平。

(五) 师资队伍建设的借鉴价值

虹口区在师资队伍建设方面的经验也值得其他地区学习。一个地区的科技教育能否取得成功,师资队伍的素质起着关键作用。

虹口区注重教师的专业发展,通过多种方式提升教师的科技素养和教学能力。例如,定期组织教师参加科技培训,培训内容涵盖新兴科技知识、创新教学方法等方面。在新兴科技知识培训方面,教师可以学习到人工智能、大数据、物联网等前沿技术的基本原理和应用场景,这有助于教师将这些知识融入课堂教学中。在创新教学方法培训方面,教师学习项目式学习、探究式学习等先进的教学方法,然后将其应用到科技教育课程中。

虹口区还鼓励教师参与科研项目和科技竞赛指导工作。教师参与科研项目可以使他们紧跟科技发展的前沿,提高自身的科研能力。例如,教师参与关于新能源汽车电池技术的研究项目后,在教学过程中就可以将自己的研究成果和体验分享给学生,让学生了解到科技研究的实际过程。教师指导学生参加科技竞赛,如机器人竞赛、科技创新大赛等,可以在指导过程中不断提升自己的教学实践能力和创新能力。

此外,虹口区建立了教师激励机制,对在科技教育方面表现优秀的教师给予奖励。这种激励机制可以提高教师参与科技教育的积极性和主动性,促进教师不断提升自己的教学水平。其他地区借鉴虹口区的师资队伍建设经验,可以打造一支高素质的科技教育师资队伍,为科技教育的发展提供坚实的人才保障。

(六)家校合作的借鉴价值

虹口区在家校合作方面的成功经验为其他地区提供了有益的范例。在家校合作中,家庭和学校形成教育合力,共同促进学生的科技教育发展。

虹口区各学校通过多种方式加强与家长的沟通与合作。例如,定期建立家长学校,向家长普及科技教育的重要性和相关知识。在家长学校中,学校会邀请专家讲解科技发展趋势以及如何在家庭中培养孩子的科技兴趣和素养。学校还会组织家长参与科技教育活动,如科技节、科技竞赛等。家长在参与这些活动的过程中,可以更好地了解孩子在学校的科技教育情况,同时也可以为孩子提供支持和鼓励。

家长在家校合作中也发挥着积极的作用。例如,家长可以利用自己的职业资源为学校的科技教育提供支持。如果家长是科技企业的员工,他们可以为学校提供科技设备、技术指导或者带学生参观企业等。家长还可以在家庭中营造科技氛围,鼓励孩子阅读科技书籍、观看科技纪录片、参加科技兴趣小组等。这种家校合作的模式对于其他地区来说,是提高科技教育效果的一种有效途径,可以充分调动家庭和学校的积极性,共同为学生的科技教育创造良好的环境。

二、推广方法与策略

为了将虹口区科技教育的成功经验推广到其他地区,我们可以采取以下方法与策略。

(一)加强交流与合作

1. 组织学术交流会

通过组织学术交流会,为虹口区与其他地区在科技教育领域的交流搭建平台。学术交流会可以定期举行,如每年举办一次。在交流会上,可以设置主题演讲、分组讨论、案例分享等环节。主题演讲可以邀请虹口区的教育专家或者优秀教师介绍本地区的科技教育理念、课程体系、教学模式等成功经验;分组讨论则可以让来自不同地区的教育工作者就科技教育中的具体问题进行深入探讨,例如,如何将新兴科技融入课程体系、如何提高教师的科技素养等;案例分享可以让虹口区的学校分享具体的科技教育项目案例,如某学校开展的基于人工智能的校本课程开发案例,详细介绍项目的目标、实施过程、遇到的问题及解决方案等。

2. 开展专题研讨会

研讨会可以聚焦于科技教育中的特定问题或趋势进行深入研究。例如，针对线上线下相结合的教学模式，可以组织专门的研讨会。在研讨会上，虹口区的教育技术专家可以分享线上教学平台的搭建技术、资源整合方法以及线上线下教学的衔接策略等。其他地区的教育工作者则可以分享自己在尝试类似教学模式时遇到的困难，如网络环境不稳定、教师对线上教学工具的使用不熟练等问题，然后大家共同探讨解决方案。此外，研讨会还可以探讨科技教育与地方产业发展的结合问题，如以农业为主的地区如何开展农业科技教育等。

3. 建立区域科技教育联盟

建立区域科技教育联盟是加强交流与合作的一种有效形式。可以将虹口区与周边地区或者具有相似教育需求的地区联合起来，形成一个联盟组织。联盟内的地区可以共享科技教育资源，如教学课件、实验设备、师资培训资料等。同时，联盟可以组织联合教学活动，如跨地区的科技竞赛、学生科技项目合作等。通过这些活动，促进各地区之间的教育资源流动和教育理念的相互渗透，共同提升科技教育水平。

（二）提供培训与指导

1. 组织专家团队进行实地培训

虹口区可以组织由教育专家、优秀教师等组成的专家团队到其他地区进行实地培训。培训内容可以根据需求进行定制。例如，如果某地区在课程体系建设方面比较薄弱，专家团队可以重点培训课程体系的构建方法，包括如何确定课程目标、如何选择课程内容、如何设置课程评价机制等。如果某地区教师对新兴科技知识的掌握不足，专家团队可以开展新兴科技知识讲座，如讲解区块链技术的原理、应用和发展趋势等。在培训过程中，专家团队还可以深入当地学校进行课堂观摩，针对教师的教学过程提出具体的改进建议。

2. 开展在线培训与咨询服务

利用网络平台开展在线培训与咨询服务是一种便捷、高效的方式。虹口区可以在自己的教育在线平台上开设专门的培训课程，其他地区的教师可以根据自己的时间和需求自由选择课程进行学习。培训课程可以采用视频讲座、在线作业、在线考试等多种形式。例如，视频讲座可以由虹口区的骨干教师讲解科技教育中的教学方法创新，在线作业可以让教师根据讲座内容进行实际操作练习，在线考试则可以检验教师的学习效果。同时，在线平台还可以提供咨询服务，其他地区的教师可以随时提出自己在科技教育中遇到的问题，例如，如何开展跨学科教学、如何组织学生参加科技竞赛等，虹口区的专家和教师可以及时给予解答。

（三）推广成功案例

1. 制作宣传片

制作一部高质量的宣传片是推广虹口区科技教育成功案例的有效手段。宣传片可以从多个角度展示虹口区科技教育的成果和经验。在内容上,可以包括学生在科技竞赛中的精彩表现、学校科技教育设施的展示、教师的教学风采以及家长对科技教育的评价等。宣传片的制作风格尽量生动、形象、富有感染力,采用动画、实景拍摄、人物访谈等多种形式。例如,通过动画展示虹口区科技教育课程体系的结构和特色,通过实景拍摄呈现学生在实验室、工作坊中的学习场景,通过人物访谈让家长分享孩子在接受科技教育后的变化。宣传片制作完成后,可以在教育相关的网站、社交媒体平台、教育展会上进行广泛传播。

2. 发布案例报告

发布详细的案例报告是推广成功经验的另一种重要方式。案例报告可以深入分析虹口区科技教育中的具体案例,如某学校开展的创新实践课程案例。报告可以包括案例的背景、实施过程、成果评估以及经验总结等内容。在案例的背景部分,可以介绍学校开展该课程的初衷、学校的教育资源状况等。实施过程部分可以详细描述课程的教学内容、教学方法、教学资源的利用等情况;成果评估部分可以采用定量和定性相结合的方法,如通过学生的考试成绩、科技竞赛获奖情况等定量数据,以及学生的创新能力、实践能力、团队协作能力等定性评价来衡量课程的效果;经验总结部分则可以提炼出该案例在科技教育中的成功经验和启示,为其他地区提供参考。案例报告可以在教育学术期刊、教育部门官方网站等平台发布。

(四) 建立合作机制

1. 签订合作协议

虹口区与其他地区秉持着携手共进、互利共赢的理念,以签订合作协议的方式,为科技教育的推广搭建起坚实的桥梁。

合作协议如同一份神圣的契约,明确了双方在科技教育推广过程中所应承担的权利和义务。在合作协议的框架下,双方将共同致力于推动科技教育的发展,为学生提供更优质的教育资源和更广阔的发展空间。

协议内容涵盖多个方面。首先,在合作目标上,明确双方共同致力于提升科技教育质量,促进学生的全面发展,让每一位学生都能在科技的海洋中畅游,激发他们的创新潜能和实践能力。在合作方式上,既可以采取项目合作的形式,围绕特定的科技教育课题进行深入研究和实践;也可以进行师资交流,让虹口区优秀的教师前往其他地区授课,分享先进的教学理念和方法,同时其他地区的教师也能来到虹口区学习交流,拓宽视野;还可以探索联合办学的模式,共同打造特色科技教育课程体系,实现资源的优化配置和共享。

在资源共享的范围上,涵盖了教学资源、师资力量、实践基地等多个重要领域。教学资源方面,双方将共享优质的教学课件、教材、实验案例等,避免重复建设,提高资源利用效率。师资力量方面,通过互派教师、开展联合教研等活动,促进教师之间的交流与合作,提升教师的专业素养和教学水平。实践基地方面,共同打造一批具有特色的科技教育实践基地,为学生提供真实的实践环境,让他们在实践中掌握科技知识和技能。

人员交流安排上,明确规定每年互派教师、学生的数量和交流时间,确保双方的合作能够得到有效的落实和推进。通过签订详细而具体的合作协议,为双方的合作提供法律保障,使合作能够在有序、稳定的环境中开展,为科技教育的推广注入强大的动力。

2. 建立合作项目

为了将合作机制落到实处,虹口区与其他地区积极建立各种合作项目,让科技教育的合作更加深入、具体。

建立跨地区的科技教育课程开发项目,这是合作项目中的重要一环。虹口区和其他地区的教师们齐聚一堂,共同参与课程的设计和开发。他们从不同的地区背景和教育需求出发,集思广益,融合各自的优势和特色,打造出既符合国家课程标准又具有地方特色的科技教育课程体系。在课程开发过程中,教师们充分考虑学生的兴趣和需求,将前沿的科技知识与实际生活相结合,设计出丰富多彩的教学活动和项目式学习任务,让学生在参与中体验科技的魅力,培养他们的创新思维和实践能力。

此外,还建立了科技教育实践活动合作项目。双方共同组织学生参加各类科技实践活动,如科技创新大赛、科技发明展览、科技研学旅行等。在这些活动中,学生将所学的科技知识应用到实际中,锻炼了他们的动手能力、团队协作能力和解决问题的能力。同时,通过与其他地区学生的交流与竞争,激发了他们的学习动力和竞争意识,拓宽了他们的视野和思维方式。

另外,建立科技教育师资培训合作项目。双方共同组织教师参加各类培训活动,包括线上培训和线下培训。线上培训利用先进的网络技术,让教师能够随时随地学习最新的科技教育理念和教学方法;线下培训则邀请国内外知名的教育专家和学者来进行现场指导和交流,为教师提供面对面的学习机会。通过这些培训项目,不断提升教师的专业素养和教学能力,为科技教育的发展提供强有力的师资支持。

建立合作项目不仅使虹口区与其他地区在科技教育领域的合作更加紧密、有效,也为学生的成长和发展创造了更多的机会和平台,让科技教育的光芒在更广阔的地域绽放。

第三节　展望教育未来

在当今时代,科技犹如汹涌澎湃的浪潮,正以前所未有的速度奔腾向前,而教育改革也如同涓涓细流,不断渗透到教育的每一个角落。在这样的大背景下,青少年科技教育宛如一颗充满希望的种子,被播撒在这片充满机遇与变革的土壤中,其未来展现出一幅无限可能的宏伟画卷。

一、未来发展趋势预测

(一) 科技融合教育将更加紧密

科技与教育的融合,就像两个相互吸引的磁极。随着时间的推移,这种吸引力将越发强大。在未来,科技的触角将更加深入地延伸到教育领域的每一个细微之处。

大数据,这个蕴含着海量信息的宝藏,将成为教育资源优化配置的得力助手。它就像一位洞察一切的智者,通过对海量学生学习数据的收集、分析,精准地识别出每个学生的学习进度、知识掌握程度以及学习习惯等。例如,通过分析学生在在线学习平台上的答题数据、学习时长、浏览内容等信息,教育者能够清晰地了解到哪些知识点是学生普遍难以理解的,哪些学习内容是学生最感兴趣的,从而根据这些信息合理地分配教育资源。原本可能存在某些地区或学校资源分配不均的情况将得到极大改善,无论是偏远山区还是繁华都市的学生,都能享受到根据自身学习需求定制化的教育资源。

人工智能更是为教育带来了前所未有的变革。它宛如一位贴心的私人导师,能够根据每个学生的学习情况提供个性化的学习建议。在课堂教学中,智能教学助手可以实时解答学生的问题,无论是关于数学难题的解答,还是对科学实验步骤的疑惑。它还能根据学生的学习能力调整教学内容的难度,对于学习能力较强的学生提供更具挑战性的拓展知识,而对于学习能力较弱的学生则给予更多基础知识的巩固练习。同时,借助虚拟现实(VR)和增强现实(AR)技术,学习体验将变得更加丰富多样。学生可以身临其境地感受历史事件的发生场景,仿佛穿越时空一般;在学习生物知识时,可以通过AR技术将生物结构三维立体地呈现在眼前,直观地了解细胞结构或者生物器官的运作原理。这种科技融入教育的方式,无疑将极大地激发学生的学习兴趣和创新能力,让学习不再是枯燥的知识灌输,而是充满趣味的奇妙探索之旅。

(二) 个性化教育将得到普及

未来的教育舞台上,个性化教育将如同璀璨的明星,闪耀在教育的天空。教育将不再是千篇一律的模板式塑造,而是像精心雕琢的艺术品,注重每一位学生独特的个性需求和发展特点。

借助先进的教育技术手段,每个学生都将拥有一份独一无二的学习蓝图。例如,借助学习分析系统,教师可以深入了解每个学生的学习风格。对于视觉型学习者,学习内容可以更多地以图像、图表、视频等形式呈现;对于听觉型学习者,则提供更多的音频讲解和讨论机会。智能教育平台能够根据学生的兴趣爱好推荐相关的学习课程和项目。如果一个学生对天文学充满热爱,平台会为他推送从基础的天文知识科普课程到前沿的宇宙探索研究项目等一系列相关学习资源。同时,个性化的学习支持服务也将无处不在。无论是学习进度的调整,还是学习困难的辅导,都将根据学生的具体情况进行定制。对于有特殊才能的学生,如在编程或者艺术创作方面具有天赋的学生,将得到专门的培养计划,包括参加高级别的竞赛培训、与行业专家进行一对一交流等机会。这种个性化教育的普及,就像为每一位学生打开了一扇专属的成长之门,让他们能够在自己擅长和感兴趣的领域自由驰骋,最大限度地激发他们的学习兴趣和潜能,从而实现全面发展,如同春天里的花朵,各自绽放出独特而绚烂的光彩。

(三)终身学习将成为主流

社会的发展如同高速行驶的列车,一刻不停地向前飞奔,知识也如同瞬息万变的风云,不断更新换代。在这样的时代背景下,终身学习不再是一种可有可无的选择,而是如同空气和水一样,成为人们生存和发展的必需品,成为未来教育的主流趋势。

随着科技的飞速发展,各个行业都在经历着深刻的变革。今天所学的知识和技能,也许在明天就会因为新技术的出现而过时。例如,在信息技术领域,编程语言不断更新,新的算法和架构层出不穷;在医疗领域,新的治疗方法和药物研发不断涌现。人们只有不断学习新知识、掌握新技能,才能跟上社会发展的步伐,在职业领域中保持竞争力。因此,未来的教育将更加注重培养学生的自主学习能力和终身学习习惯的培养。学校教育将不再仅仅是传授固定的知识体系,而是更多地教会学生如何学习,如何在信息的海洋中筛选有用的知识,如何独立思考和解决问题。从小学阶段开始,就会引导学生养成自主探索知识的习惯,如通过设置项目式学习任务,让学生自己去寻找解决问题的方法,培养他们独立获取知识的能力。在大学及职业教育阶段,会更加注重提供持续学习的平台和资源,鼓励毕业生在工作后仍然能够不断回到学校或者利用在线学习平台进行深造。终身学习的理念将贯穿人们的一生,无论是年轻人为了追求更好的职业发展,还是老年人为了丰富退休生活,学习将成为一种永不停歇的生活方式,如同一条奔腾不息的河流,滋润着人们的心灵,推动着社会不断向前发展。

二、期望与建议

为了推动青少年科技教育的未来发展,我们提出以下期望与建议。

(一)加强政策支持与投入

政府在青少年科技教育的发展进程中,犹如一座坚实的灯塔,发挥着不可替代的引领和支撑作用。因此,政府应加大对青少年科技教育的政策支持与投入力度,如同为这棵正在茁壮成长的幼苗浇灌充足的养分。

制定更加完善的政策措施是关键的一步。这些政策应涵盖青少年科技教育的各个方面,从教育设施的建设到教育活动的开展,从师资队伍的培养到学生参与科技竞赛的鼓励。例如,出台针对学校科技实验室建设的补贴政策,鼓励学校配备先进的实验设备,为学生提供更好的实践环境;制定专门的政策鼓励学校开展科技创新活动,对于表现优秀的学校给予表彰和奖励。同时,资金保障机制的建立也如同为科技教育的大厦打下坚实的地基。政府应设立专项基金,确保有足够的资金用于科技教育项目的开展。这些资金不仅要用于购买教学设备、教材编写等硬件和软件建设,还要用于支持学生参加国际国内的科技竞赛、科技创新实践活动等。

然而,仅有政策和资金的支持还不够,还应加强对科技教育项目的监管和评估工作,就像为科技教育的发展道路设置了严格的质量检测关卡。监管工作要确保资金的合理使用,防止出现挪用、浪费等现象。评估工作则要从多个维度考量科技教育项目的质量和效果。例如,通过对学生在科技知识掌握程度、创新能力提升、实践操作技能提高等方面进行量化评估,同时结合学生对科技教育的满意度调查等定性评估方式,全面了解科技教育项目的实施效果。只有这样,才能确保每一分投入都能发挥最大的效益,让青少年科技教育在健康、有序的轨道上蓬勃发展。

(二)推动课程体系与教学模式创新

在青少年科技教育的宏伟蓝图中,课程体系与教学模式如同大厦的基石与框架,其创新与否直接关系到整个科技教育的质量和效果。各地区犹如各具特色的建筑工匠,应根据自身的地域文化、教育资源以及学生的特点和需求,积极进行课程体系与教学模式的创新实践。

引入先进的教育理念是创新的源头活水。例如,借鉴国际上先进的STEM(科学、技术、工程、数学)教育理念,打破学科界限,将不同学科的知识有机融合到一个项目或课程中。学生在学习过程中不再是孤立地学习某一学科知识,而是在解决实际问题的过程中综合运用多学科知识。以设计一座环保型建筑为例,学生需要运用物理学中的力学原理来确保建筑结构的稳定性,运用化学知识选择环保建筑材料,运用数学知识进行空间计算和成本预算,同时还需要运用工程技术知识将设计方案转化为实际的建筑模型。这种跨学科的学习方式,能够让学生更好地理解知识之间的联系,提高他们的综合应用能力。

技术手段的引入则为课程体系和教学模式的创新注入了强大的动力。借助互联网技术,线上线下混合式教学模式将得到更广泛的应用。线上课程可以提供丰富的学习资源,如知名专家的讲座视频、虚拟实验室模拟实验等,让学生能够随时随地获取知识;线下课堂则更加注重实践操作和面对面的交流互动。教师可以组织学生进行小组项目式学习,让学生在合作中共同解决实际问题。例如,在机器人编程课程中,学生在线上学习基本的编程知识后,在线下通过实际操作机器人来完成特定的任务,如让机器人完成一个迷宫探险任务。这种教学模式的创新,不仅能够提升科技教育的质量和效果,还能培养学生的创新能力和实践能力,如同为学生打造了一把开启未来科技世界大门的钥匙,为他们的未来发展奠定坚实的基础。

(三)加强师资队伍建设

教师,在青少年科技教育的舞台上,扮演着至关重要的角色,他们如同领航的舵手,决定着科技教育这艘大船的航行方向。因此,加强师资队伍建设,就如同为这艘大船打造一支精锐的水手队伍,是推动科技教育发展的关键所在。

对教师的培训和指导工作应如同绵绵春雨,持续不断地滋润着教师的专业成长。培训内容应涵盖多个方面,从最新的科技知识到创新的教学方法,从新兴的教育技术应用到跨学科教学的理念。例如,定期组织教师参加关于人工智能在教育中的应用培训,让教师了解如何利用人工智能工具辅助教学,如使用智能批改作业系统提高教学效率,利用人工智能分析学生学习数据来调整教学策略;开展创新教学方法的培训,如项目式学习、问题式学习等方法的培训,让教师能够在课堂上引导学生通过解决实际问题来学习知识。同时,针对不同学科的教师,还应开展跨学科知识的培训,使他们能够在教学中更好地引导学生进行跨学科学习。

鼓励教师积极参与科研活动和学术交流活动,如同为教师打开一扇通向广阔世界的窗户,拓宽他们的视野和知识面。科研活动能够让教师深入了解学科前沿知识,将最新的科研成果融入教学中。例如,一位物理教师参与量子物理方面的科研项目后,就可以在课堂上为学生介绍量子物理的前沿研究进展,激发学生对物理学科的兴趣。学术交流活动则为教师提供了与同行交流的机会,他们可以分享教学经验,学习他人优秀的教学方法,了解不同地区的教育动态。例如,参加国际教育学术会议,教师可以与来自世界各地的教育者交流,借鉴国外先进的科技教育经验,从而不断提升自己的专业素养和教学能力,为青少年科技教育的发展提供强有力的人才支撑。

(四)促进家校合作与社会参与

在家校合作与社会参与的宏大叙事中,青少年科技教育如同一场盛大的交响乐,家庭、学校和社会如同不同的乐器组,各自发挥着独特的作用,只有两者协同合作,才能奏响一曲和谐、美妙的乐章。

加强家校之间的沟通与协作,如同在家庭和学校之间搭建起一座坚固的桥梁。家庭是孩子成长的第一课堂,家长是孩子的第一任老师,学校应通过多种方式与家长保持密切的联系。例如,定期举办家长会,不仅要向家长汇报学生的学习成绩,更要详细介绍科技教育的内容、目标和意义,让家长了解科技教育对孩子未来发展的重要性。建立家长学校,邀请教育专家为家长举办讲座,传授科学的教育方法,指导家长如何在家庭中营造科技氛围,如鼓励家长与孩子一起观看科技纪录片、阅读科技书籍、进行简单的家庭科学小实验等。同时,学校还可以组织家长志愿者参与学校的科技教育活动,如科技节、科技竞赛等,让家长在参与过程中更好地了解孩子在学校的科技教育情况,从而更好地支持和配合学校的教育工作。

积极引入社会资源参与科技教育的发展工作,如同为科技教育的盛宴增添丰富的食材。社会是一个巨大的资源宝库,蕴藏着丰富的人力、物力和财力资源。企业可以为学校提供实习机会、捐赠科技设备、派遣专业技术人员到学校担任兼职教师等。例如,科技企业可以为学校提供先进的计算机设备,用于开设编程课程;派遣工程师到学校为学生讲解计算机硬件的工作原理,指导学生进行简单的软件开发。社会组织也可以发挥积极作用,如科技馆、博物馆等文化机构可以为学生提供课外科技实践活动的场所,举办各种科技展览、科普讲座等活动,丰富学生的科技知识和体验。通过这种家校合作与社会参与的模式,为学生提供更加丰富、多样的学习体验和支持服务,如同在青少年科技教育的花园里播撒更多的种子,让科技教育之花在家庭、学校和社会的共同呵护下绽放得更加绚丽多彩。

综上所述,虹口区在科技教育领域的成功经验为其他地区提供了宝贵的借鉴与启示。通过总结升华这些经验并推广到其他地区去实践应用,我们有理由相信青少年科技教育的未来将更加美好和充满希望。

图书在版编目(CIP)数据

科教育人新范式:虹口区青少年科技教育探索实践之路 / 田健编著. -- 上海:上海科技教育出版社, 2025.7. -- ISBN 978-7-5428-8435-0

Ⅰ. Q40-05

中国国家版本馆CIP数据核字第2025TU9416号

责任编辑　范本恺　刘颖丽
封面设计　符　劼

科教育人新范式——虹口区青少年科技教育探索实践之路
田　健　编著

出版发行	上海科技教育出版社有限公司 (上海市闵行区号景路159弄A座8楼　邮政编码201101)
网　　址	www.sste.com　www.ewen.co
经　　销	各地新华书店
印　　刷	上海华顿书刊印刷有限公司
开　　本	787×1092　1/16
印　　张	8.75
版　　次	2025年7月第1版
印　　次	2025年7月第1次印刷
书　　号	ISBN 978-7-5428-8435-0/G·5040
定　　价	58.00元